Hansmartin Schwarzmaier

Von Speyer nach Rom

Wegstationen und Lebensspuren der Salier

Hansmartin Schwarzmaier

Von Speyer nach Rom

Wegstationen und
Lebensspuren der Salier

Jan Thorbecke Verlag Sigmaringen
1992

Die Deutsche Bibliothek – CIP-Einheitsaufnahme

Schwarzmaier, Hansmartin:
Von Speyer nach Rom: Wegstationen und Lebensspuren der Salier / Hansmartin Schwarzmaier. –
2. Aufl. – Sigmaringen: Thorbecke, 1992
    ISBN 3-7995-4132-2

Zweite Auflage 1992

© 1991 by Jan Thorbecke Verlag GmbH & Co., Sigmaringen

Dieses Buch ist aus säurefreiem Papier hergestellt und entspricht den Frankfurter Forderungen zur
Verwendung alterungsbeständiger Papiere für die Buchherstellung.

Einbandgestaltung: Neuffer Graphik Design, Freiburg i. Br.

Gesamtherstellung: M. Liehners Hofbuchdruckerei GmbH & Co. Verlagsanstalt, Sigmaringen
Printed in Germany · ISBN 3-7995-4132-2

Inhaltsverzeichnis

Vorwort

Ob Persönlichkeiten Geschichte machen, dies ist eine vieldiskutierte und – entsprechend dem Standort des jeweiligen Historikers – auch auf ganz verschiedene Weise beantwortete Frage. Im Mittelalter erhält sie eine weitere Dimension durch die Kargheit der Quellen, die uns selbst bei Königen und Fürsten wenig verraten über ihre Erziehung und ihre Lebensgestaltung, ihr Selbstverständnis und ihr individuelles Wollen. Und dort, wo sie etwas darüber sagen, sprechen sie eher über den von seinem Amt geprägten König, den Mönch, den Bischof oder den Heiligen als über den Menschen mit seinen Leidenschaften und seinen Versuch, sie zu bändigen. Der Topos des Amtes erweist sich als stärker denn das Gewicht des von seinen Anlagen, von Erziehung und Umwelt geprägten Charakters.

Dennoch geht es im folgenden um Persönlichkeiten, um Gestalten aus dem salischen Hause. Dabei soll weder die Geschichte der Salier geschrieben werden – dies ist vor kurzem geschehen –, noch geht es um die Biographien von Herrschergestalten. Vielmehr haben wir Miniaturen gesammelt: Details und Episoden am Rande der großen Weltgeschichte. Nicht immer handelt es sich um den König selbst, und selten um eine der Staatsaktionen, in die er hineingestellt war. Wir sehen den König als Kind oder als Kandidaten vor seiner Königswahl und neben ihm die Königin, die Prinzen seines Hauses, seine Verwandten, Personen, von denen man oftmals nicht mehr weiß, als daß es sie gab und daß sie ihr Amt, ihre Funktion ausgefüllt haben. Ihre »Persönlichkeit« ist mehr verschleiert, als daß sie sich enthüllt. Die Quellen, die wir dabei befragen, offenbaren ihre Mehrdeutigkeit, und unser Versuch, sie zu deuten, hinterläßt nicht selten den Eindruck der Unsicherheit, auf dem falschen oder zumindest einem kaum erkennbaren Weg zu sein.

Was ist bei dieser Betrachtung gewonnen, die doch keine zusammenhängende Geschichte der Salierzeit und ihrer fürstlichen Exponenten sein kann? Zunächst nicht mehr als ein Einblick in die Bedingungen, unter denen wir Geschichte erforschen und schreiben, der an den Quellen orientierte Versuch, Erkenntnisse zu gewinnen über Personen des salischen Hauses, um die sich die Geschichte ihrer Zeit entwickelt hat. Man sollte sich gelegentlich vor Augen halten, wie wenig wir über sie wissen und wie sehr eine Umbewertung eines einzelnen Details alle Bezüge ihres Lebens und Handelns in anderem Lichte erscheinen läßt. Eine ein für allemal gültige Geschichte wird es nie geben. Und noch eine Feststellung muß hier getroffen werden, die uns lapidar erscheinen mag und die doch von größter Bedeutung ist. Die Lebensdauer der Menschen war kürzer. Die Könige, mit denen wir es zu tun haben, waren großenteils, für unsere Begriffe, Kinder, ihr Lebenswerk in einem Alter beendet, in dem der heutige Mensch gerade Studium und Berufsausbildung abgeschlossen hat, so Kaiser Otto III. und »sein« Papst Gregor V.

Dies ist der eine, den Personen geltende Ansatz dieses Buches, ausgehend von Speyer, Worms und den dort befindlichen Gräbern, von der Limburg, wo die junge Königin Gunhild bestattet ist: das ihr gewidmete Kapitel entstand zuerst. Der andere hängt mit dem Reiseweg der Könige zusammen, also dem »Unterwegssein« im Mittelalter. Dies ist ein Gesichtspunkt, der in den letzten Jahren fast zum Modewort der Forschung geworden ist. Man hat schon immer gewußt, daß insbesondere die ständische Oberschicht im Mittelalter »auf Reisen« war, der König und die Fürsten und mit ihnen Bischöfe und Äbte, Kanzlei und Hof, die Königin, ihre Kinder und ihre Umgebung. Insofern hat sich die Vorstellung vom »immobilen« Menschen des Mittelalters, und dies gilt für das 11. und 12. Jahrhundert ganz besonders, geradezu in ihr Gegenteil verkehrt, denn nicht nur König und Hof waren unterwegs, sondern auch seine Ritter auf dem Marsch nach Italien und ins Heilige Land, die Pilger und Kaufleute. Dies gab den Ausschlag, in die Mitte dieses Buches ein »Reisekapitel« zu stellen und ein Stück des von Utrecht und Goslar bis nach Rom und Montecassino führenden Reise- und Lebensweges Heinrichs III. nachzuvollziehen und im Bild darzustellen. Die Anregung, dies zu tun, verdanke ich meiner Frau.

Die Frage nach der Residenz, nach dem Ruhepunkt in einem vom Unterwegssein geprägten Leben, war ein drittes Problem, das in dieses Buch eingegangen ist. Sie hat zu Arbeiten über das »salische Hausarchiv« in Speyer geführt, über das im Kapitel über die Heiratsurkunden der Königinnen Agnes und Bertha berichtet wird. Von hier aus führt der Weg zurück zu den Grablegen und damit erneut nach Speyer.

Bezugspunkt des ganzen Buches sind die Salier, jene fürstliche Dynastie, die in »ottonischer Zeit« erstmals erkennbar wird, die durch Konrad II. zum Königtum gelangte (1024), mit Heinrich III. den Gipfel deutscher Kaiserherrschaft erreichte, mit Heinrich IV. die Krise des Reiches und der Kirche durchzukämpfen hatte, eine Krise, die unter Heinrich V. († 1127) ihre Lösung fand. Mit ihm erlosch die Dynastie, um sich in den Staufern fortzusetzen, die ihr Erbe übernahmen, so wie Konrad II. das ottonische Erbe übernommen hatte. Das salische Königshaus stellt daher keinen in sich geschlossenen Abschnitt mittelalterlicher Geschichte dar, den man isoliert betrachten könnte. Der Zeitraum dieses Buches betrifft die beiden Jahrhunderte von 944 bis 1139, von der Erhebung Konrads »des Roten« zum Herzog von Lothringen bis zur Königserhebung des Staufers Konrad III.

Die Spuren der Salier in den schriftlichen Überresten ihrer Zeit sind alle gesammelt und stehen dem Wissenschaftler zur Verfügung: sie bestehen aus Annalen und Chroniken, aus einer Reihe besonders wertvoller liturgischer Handschriften in den Bibliotheken, aus einer Fülle von Urkunden in den Archiven. Im Generallandesarchiv Karlsruhe hat der Verfasser einige Spitzenstücke in Händen, so die bereits genannten Heiratsurkunden der Kaiserinnen Agnes und Bertha. In unserer Landschaft hingegen hat die Salierzeit nur geringe Spuren hinterlassen. Die großen Kirchen- und Klosterbauten, selbst wenn sie im 11. Jahrhundert begonnen wurden, tragen das Gesicht späterer Bauperioden wie die rheinischen Kaiserdome, in denen sich allenfalls die Krypten aus salischer Zeit erhalten haben: selbst Speyer ist erst durch die Restaurierungen der jüngsten Vergangenheit der Anblick des salischen Baues zurückgegeben worden. Die Abbildungen, ein wesentlicher Bestandteil dieses Buches, sprechen für die Überlagerung unserer romanischen Bauten durch Hinzufügungen aus späterer Zeit. Auch hier bleibt es bei einer »Spurensuche«. Wer dahinter ein geschlossenes Geschichtsbild sucht, muß daher auf die Literaturangaben (im Anschluß an die Einleitung) und auf die abschließende Zeittafel verwiesen werden: Neues hat es im Jahr 1991 im Vorfeld der Speyerer Salier-Ausstellung in Fülle gegeben; nur weniges davon konnte hier noch berücksichtigt werden.

Meiner Frau habe ich dieses Buch zu Weihnachten 1989 gewidmet, wo es im Text fertig vorlag.

Einleitung

Im folgenden geht es also um eine Königsfamilie, eine Dynastie. Der Name der »Salier«, auf den sich die moderne Geschichtsschreibung geeinigt hat, kommt schon im Mittelalter auf. Der Chronist Otto von Freising bezieht ihn auf die vornehmsten Familien des »salischen«, des rechtsrheinischen und deutschsprachigen Franken; spätere Autoren reduzieren die Bezeichnung auf diejenige Familie, die als die vornehmste unter den Franken angesehen wird, diejenige Konrads II. und seiner Nachkommen oder, wie Otto von Freising schreibt, der »Heinriche von Waiblingen«. Mit Waiblingen ist der Ort im Remstal gemeint, der für die Salier und die späteren Staufer ein wichtiger Besitz, zeitweilig ein namengebender Ort gewesen ist. Die Ortsbezeichnung klingt noch in dem späteren Parteinamen der »Ghibellinen« an. Gemeint sind die Anhänger der Staufer, und diese wiederum, so wird zu zeigen sein, sind die Erben der Salier: Erben von Besitz, Familientradition (einschließlich der Namenstradition) und Königtum.

Solche Familienbezüge vermögen wir heute auf sehr präzise Weise in der Form der Ahnentafel oder des Stammbaumes auszudrücken, die wir auch diesem Kapitel beigeben. Das Mittelalter besitzt diese Möglichkeit auch, aber es verfolgt eine andere Absicht damit. Dies läßt sich an einem Beispiel zeigen, dem berühmtesten »Salierstammbaum«, der uns überliefert ist. Er findet sich in einer Handschrift der Weltchronik des Ekkehard von Aura, wohl vor 1127 in der Abtei Corvey niedergeschrieben und gezeichnet.

Auf einem Thronsessel, unter einem Baldachin, der eine Architektur andeutet, sitzt Kaiser Konrad II. in majestätischer Haltung, mit Krone und Reichsapfel; sein langer Bart erweist ihn als den Ältesten, den Stammvater seines Hauses, wobei man unter dem Alter nicht das von ihm erreichte Lebensalter verstand, sondern die Altersstufe in der Haustradition. Statt des Szepters trägt er ein Medaillon mit dem Brustbild seines Sohnes, Kaiser Heinrichs III. Unter diesem, durch einen Strang damit verbunden, findet sich das Medaillon mit dem Bild Heinrichs IV., noch jugendlicher im Aussehen als der Vater, obwohl Heinrich ein Alter von 56 Jahren erreicht hat. Darunter sind die Medaillons mit den Bildern von Heinrichs Söhnen, Konrad und Heinrich. Alle tragen sie die Krone, Konrad die des Königs, Heinrich V. auch Reichsapfel und Szepter. Er wird nicht als Kaiser bezeichnet, vielleicht weil er es, als das Bild entworfen wurde, noch nicht war (vor 1111). Heinrich ist also der derzeit lebende und regierende König. Die Frauen fehlen, jedoch mit einer sehr bezeichnenden Ausnahme. Neben Heinrich IV., durch eine Leiste mit ihm verbun-

Kaiser Konrad II. als Stammvater des salischen Hauses. Federzeichnung in einer um 1130 wohl in der Benediktinerabtei Corvey entstandenen Handschrift »Chronicon universale« des Ekkehard von Aura. Berlin, Staatsbibliothek Preußischer Kulturbesitz

Nach H. Keller, Propyläen Geschichte Deutschlands 2 (Ullstein 1986) nach S. 96.

den, findet sich das Medaillon einer Frau. Die Umschrift nennt sie »Adelheit, die Ehefrau des Markgrafen Liutpold«, und so kommt sie auch im Text der Chronik vor, wo es zu 1106 heißt, in diesem Jahr sei Herzog Friedrich verstorben, »ein Mann, berühmt durch Klugheit, Charakter und Adel, besonders aber durch eine hervorragende Ehe mit Adelheid, der Tochter des Kaisers, einer Frau von einzigartigem und weitbekanntem Ruf und durch eine Nachkommenschaft von wunderbaren Anlagen, die aus dieser Ehe hervorging«. Im Namen hat sich Ekkehard geirrt, denn die Kaisertochter hieß Agnes, aber die sonstigen Angaben stimmen. In erster Ehe war sie mit Herzog Friedrich I. von Schwaben vermählt, in zweiter Ehe, nach 1106, mit dem Markgrafen Leopold von Österreich. Sie ist die Stammmutter der Staufer, die Großmutter Barbarossas. Der vorliegende Stammbaum enthält also eine genealogische Feststellung und auch eine Tendenz. Für weitere Medaillons ist kein Platz. König Konrad war kinderlos gestorben, Heinrich V., falls das Bild vor 1111 ist, noch unvermählt. Für den Fall, daß das Königshaus Konrads II. mit ihm enden sollte, ruhen die Hoffnungen auf Agnes-Adelheid. Sie hat Söhne aus erster Ehe, von denen einer den salischen Königsnamen Konrad trägt. Er ist ebensowenig wie sein Bruder Friedrich eingezeichnet, denn noch gehören sie nicht zur Königsdynastie. Doch sie können einbezogen werden: ihre Mutter Agnes versinnbildlicht dies.

Von daher gesehen ist der Stammbaum, wie ihn das Mittelalter zeichnet, kein Hilfsmittel der Geschichtsschreibung zur Veranschaulichung von Verwandtschaftsbezügen, sondern er bedeutet ein Programm. Die Aufeinanderfolge der Generationen kennzeichnet zugleich für jedes der Mitglieder der königlichen Familie die Teilhabe an der Königsherrschaft, am Reich. Sie stellt sich freilich auf ganz verschiedene Weise dar. Mit dem König am engsten ist die Königin verbunden. Sie macht einen großen Teil des Reiseweges mit, mit Ausnahme der Kriegszüge und der Zeit ihrer eigenen Schwangerschaften. In dieser Zeit darf sie Schonung und Ruhe erwarten: kaum hat sie die Geburt hinter sich, so vereinigt sie sich erneut mit dem König, und auch das Neugeborene wird oftmals auf der Reise mitgeführt. Denn auch die Kinder werden an den Hof gezogen: sie verkörpern den Fortbestand der Dynastie. Die Jüngeren sind für den geistlichen Stand vorgesehen: eines der großen Reichsbistümer ist ihnen sicher, wo sie im Auftrag des Königs agieren. Den Töchtern ist es bestimmt, durch eine vornehme Eheschließung einen der Großen des Reichs oder einen benachbarten Fürsten enger an das königliche Haus zu binden oder als Äbtissin an die Spitze einer der Reichsabteien zu treten, in denen die Kinder des königlichen Hauses ihre ersten Lebensjahre in angemessener Erziehung verbringen sollten: in Gandersheim, Essen, Quedlinburg. Sie alle sollen im folgenden vorgeführt und mit ihren jeweiligen Aufgaben beschrieben werden. Aus ihrem Verhalten ergibt sich die besondere Dynamik salischer Hausgeschichte. Denn nicht jeder hat den Plan eingehalten, die

Rolle gespielt, die ihm zugedacht war. Dem vorgegebenen Plan haben Krankheit und Tod den Stempel aufgedrückt, Rebellen haben ihm eine andere Richtung gegeben.

Dahinter steht die »große Geschichte« des 11. Jahrhunderts, vor der Verwandtschaftspolitik und Reisekönigtum nur einen Ausschnitt, wenn auch den für uns am deutlichsten erkennbaren Faktor königlicher Politik, darstellen. Auch in ihr haben die Könige jedoch ihren dominierenden Platz.

Die Regierungszeiten Konrads II. und Heinrichs III. gelten als die Höhepunkte des hochmittelalterlichen deutschen Reiches. Doch die Probleme der darauffolgenden Krisenzeit zeichnen sich bereits ab: die Festigung der Adelsherrschaft, die dem König einen neuen, selbstbewußten Partner bescherte. Konrad II. hat dem in Deutschland wie in Italien entgegengearbeitet, wo er den Fürsten den niederen Adel und die kleineren Lehensleute, die Untervasallen, entgegengestellt hat. Auch in der Güterpolitik versuchten er und vor allem sein Sohn Heinrich III. neue Wege, indem sie das Reichs- und Hausgut, also die materielle Grundlage des Reichs, neu organisierten. In Goslar entstand ein Zentrum königlicher Güterverwaltung um eine Pfalz, die fast Residenzcharakter angenommen hat. Andere Schwerpunkte seiner Macht lagen in Sachsen und Lothringen, in Schwaben und am Mittelrhein, wo freilich auch Oppositionsbewegungen gegen den sich anbahnenden königlichen Zentralismus entstanden sind, die wiederum unter Heinrich IV. zu schweren Kämpfen führten. Die kirchlichen Gruppen, mit denen sich Heinrich auseinanderzusetzen hatte, haben hier ihre Verbündeten gefunden.

»Kirchenpolitik« bedeutete in dieser Zeit Reform der Klöster, die ganz in ihrer Aufgabe aufgegangen waren, als machtvolle wirtschaftliche und geistige Zentren des Reichs politische Funktionen zu übernehmen. Dies haben auch die Bischöfe getan, die der höchsten Gruppe des Adels im Reich angehörten und aus denen sich die Diplomaten und Verwaltungsbeamten des Königs rekrutierten. »Reform« hieß, ihnen ihre geistlichen Aufgaben vor Augen zu führen, die Klöster zu ihren benediktinischen Idealen zurückzuführen, die Bildung des weltlichen Klerus zu bessern, kurz, die Kirche erneut an ihren altchristlichen Werten zu orientieren. Dies freilich bedeutete, daß sie von nun an die Normen bestimmen sollte, nach denen sich alles menschliche Leben, im kirchlichen wie im weltlichen Bereich, richtete.

Diese von bedeutenden Reformerpersönlichkeiten erhobene Forderung fand in der burgundischen Abtei Cluny ein geistiges Zentrum. Dabei hatte die Reformidee auch in den Königen lebhafte Förderer, die von der religiösen Aufbruchstimmung ebenso ergriffen wurden wie viele Mitglieder ihres Hofes und ihrer Umgebung. Heinrich III. und seine Gemahlin Agnes vertraten diese Bestrebungen mit großer persönlicher Anteilnahme. Daraus entstand ein Verhältnis gemeinsamen Strebens, ein Ringen um die Frage nach der richtigen Ordnung in der Welt, in die in zunehmendem Maße auch die römische Kurie einbezogen wurde. Noch Heinrich III. hat sie zu kontrollieren versucht und hat selbst Päpste beseitigt, die er für ungeeignet hielt. An ihre Stelle traten Reformpäpste, die der Kaiser auf den Stuhl Petri erhoben hat, unter ihnen Deutsche, wie den aus dem Elsaß stammenden Leo IX. (1049–1054), wie Viktor II., zuvor Bischof von Eichstätt (1054–1057), oder den Lothringer Stephan IX. (1057–1058). Ihre Nachfolger freilich, Nikolaus II. und Alexander II., hat nicht mehr der jugendliche deutsche König Heinrich IV. ernannt. Das Recht eines »Laien«, auf die Papstwahl einzuwirken, wurde nun in Frage gestellt, und der nächste Papst, Gregor VII., hat ihm den absoluten Anspruch des römischen Bischofs entgegengehalten, an der Spitze der Kirche auch über den König richten zu dürfen, ihn im Auftrag Gottes und des Apostelfürsten zu binden und zu lösen, sein menschliches und politisches Handeln beurteilen zu können. Aus dem Reformpapsttum war das universale Papsttum geworden, das den bis dahin eindeutigen Führungsanspruch des Königs bestritt und diesen schließlich in eine Gegnerschaft führte, die nur noch in bewaffneten Konflikten ausgetragen werden konnte. In Gregor VII., dem machtbewußten und konsequentesten kirchenpolitischen Denker seiner Zeit, fand die Kirche ihren Exponenten, der die Theologen wie die Fürsten der ganzen christlichen Welt gleichermaßen an sich zog. Ihm gegenüber stand in Heinrich IV. ein König, der als Kind den ungeheuren Machtanspruch seines Vaters übernommen hatte und sich ihm verpflichtet fühlte. Erst allmählich und nach schweren, aus jugendlichem Überschwang und Leichtsinn geborenen Fehlern hat er begriffen, daß er sich an eine Welt anzupassen hatte, die sich mit großer Schnelligkeit verwandelte und die er mit dem alten Instrumentarium nicht mehr zu regieren vermochte.

Zwei Faktoren waren es, die von Italien ihren Ausgang genommen haben und die von nun an in das politische Spiel einbezogen werden mußten: die Normannen, die in Süditalien ein eigenes Reich schufen, das bald zu einem Machtfaktor eigener Gesetzlichkeit wurde und für Kaiser und Papst gleichermaßen zum möglichen Bündnispartner werden sollte, und die oberitalienischen Städte, in denen die Bürgerschaft zu eigenständigem politischen Handeln fand und schon bald ein Bündnissystem errichtete, das dem deutschen König schwer zu schaffen machte. Die Gegner Heinrichs IV., der Papst und der Adel Italiens, an seiner Spitze die mächtige Markgräfin Mathilde von Tuszien aus dem Hause Canossa, haben den Aufstieg der Städte im Kampf gegen die deutsche Königsherrschaft begünstigt, die nun mehr und mehr als Fremdherrschaft verstanden wurde. Und hier erwuchsen auch die Vorbilder, die im Gebiet nördlich der Alpen die Entstehung der Stadtkommune vorbereitet haben. Gerade in den rheinischen Bischofsstädten sind ihre Rechte in der Auseinandersetzung mit dem Stadtherrn und im Konflikt mit dem König erstmals formuliert worden. In der Stadt begann der Kaufmann, der von Handel und Gewerbe lebende städtische Bürger, seine künftige Rolle zu spielen. Und weitere markante Bauwerke veränderten die Landschaft: die Burgen des Adels, befestigte Steinbauten auf Bergen und Felsen, immer in exponierter Lage, die seit der Mitte des 11. Jahrhunderts

Karte in verkürzter Form nach: E. Hlawitschka, Vom Frankenreich zur Formierung der europäischen Staaten- und Völkergemeinschaft 840–1046 (Darmstadt WBG 1986)

HEINRICH I. * um 876 † 2. VII. 936 Kg. 919

Werner,
Gf. im Speyergau,
† 917

OTTO I. der Große * 23. XI. 912 † 7. V. 973
Kg. 8. VIII. 936 Ks. 2. II. 962
⚭ 1) 929 Edith, T. d. Kg.
Eduard I. von England, † 26. I. 946
⚭ 2) 951 Adelheid, T. d. Kg.
Rudolf von Burgund, * 931/2 † 16. XII. 999

Gerberga † 5. V. 964 ⚭ 1) 929 Giselbert,
H. von Lothringen, * um 890 † 2. X. 939
⚭ 2) 939 Ludwig IV., Kg. von Frankreich,
* um 921 † 10. IX. 954

Heinrich I. * 919/21 † 1. XI. 955,
H. von Bayern 945 ⚭ um 938 Judith,
T. d. H. Arnulf I. von Bayern, * um 925
† 28. VI. um 987

Bruno * 925 † 11. X. 965,
Erzbischof von Köln 953

947 1.
Konrad der Rote ⚭
† 10. VIII. 955
H. von Lothringen
944–953

Liudgard
† 18. XI. 935

1.
Liudolf * 930
† 6. IX. 957
H. von Schwaben
948 948 Ida,
T. d. Hermann I.,
H. von Schwaben,
† 986

2.
OTTO II. * Anfang 955 † 7. XII. 983,
Kg. 26. V. 961, Ks. 25. XII. 967,
⚭ 14. VI. 972 Theophano,
(T. d. Konstantin Skleros),
Nichte des Ks. Johannes Tsimiskes,
* 956 † 15. VI. 991

2.
Mathilde
* Ende 955,
† 6. II. 999
erste Äbtissin
v. Quedlinburg

Wilhelm natürlich.
Sohn, Erzbischof v. Mainz
17. XII. 954–2. III. 968

Heinrich II. der Zänker
* 951 † 28. VIII. 995,
H. von Bayern 955–976
u. 985–995,
⚭ Gisela, T. d.
Kg. Konrad III. von Burgund,
† 21. VII. 1006

Gerberga
Äbtissin zu
Gandersheim
959–1001

Otto
† 4. XI. 1004
Gf. im Wormsgau,
H. von Kärnten
978 ⚭ Judith

Sofie
* 978 † 1039
Äbtissin von
Gandersheim 1002

OTTO III.
* VII. 980 † 21. I. 1002,
Kg. 24. XII. 983,
Ks. 21. V. 996

Mathilde
† 4. XI. 1025
⚭ um 992 Ezzo,
Pfgf. am Rhein,
* 955, † 21. V. 1034

Bruno
† 24. IV. 1029
B. von
Augsburg
1006

Gisela
⚭ Stefan I.,
Kg. v. Ungarn,
† 15. VIII. 1038

HEINRICH II. der Heilige
* 6. V. 973 † 13. VII. 1024,
H. von Bayern 995,
Kg. 7. VI. 1002,
Ks. 14. II. 1014,
⚭ 996/7 Kunigunde,
T. d. Gf. Siegfried von Luxemburg,
† 3. III. 1032

Wilhelm † 7. XI. 1047
B. von Straßburg 1028

Heinrich * 970 † III. 990/1000
Gf. von Speyer ⚭ N. N.

Bruno * um 973 † 18. II. 999
als Papst Gregor V.; IV. 996

KONRAD II. * 990 † 4. VI. 1039
Kg. 8. IX. 1024 Ks. 26. III. 1027
⚭ Ende 1016 Gisela,
T. d. H. Hermann II. von Schwaben,
† 14. II. 1043

Gebhard † 1060
B. von Regensburg
1036

Konrad I. † 12. XII. 1011, H. von Kärnten 1004
⚭ Mathilde T. d. H. Hermann II. von Schwaben

Konrad II. † 20. VII. 1039
H. von Kärnten 1036

Bruno † 27. V. 1045
B. von Würzburg 1034

HEINRICH III. * 28. X. 1017 † 5. X. 1056 Kg. 4. IV. 1039 Ks. 25. XII. 1046
⚭ 1) VI. 1036 Gunhild-Kunigunde, T. d. Kg. Knut von Dänemark, * um 1020 † 18. VII. 1038
⚭ 2) 21. XI. 1043 Agnes, T. d. Gf. Wilhelm III. von Poitou, * um 1025 † 14. XII. 1077

1.
Beatrix * 1037/8 † 1061
Äbtissin von Quedlinburg
1045

2.
Mathilde * 1045 † 12. V. 1060
⚭ 1059 Rudolf H. v. Schwaben

Adelheid * 1048 † um 1095
Äbtissin von Quedlinburg
1062

HEINRICH IV. * 11. XI. 1050
† 7. VIII. 1106
Kg. 17. VII. 1053
Ks. 31. III. 1084.
⚭ 1) 13. VII. 1066 Berta,
T. d. Gf. Otto von Savoyen,
* 21. IX. 1051 † 27. XII. 1087
⚭ 2) 14. VIII. 1089 Eupraxia,
T. d. Gfst. Wsewolod I. von Kiew,
* 1070 † 10. VII. 1109

Konrad * 1052
† 10. IV. 1055
H. von Bayern
1054

1.
Konrad * 12. II. 1074 † 27. VII. 1101
H. von Niederlothringen 1076–1089, Kg. 1090

1.
Agnes * 1074/5 † 24. IX. 1143
⚭ 1) 1089 Friedrich I. von Staufen, H. von Schwaben, * um 1050 † 22. I. 1105
⚭ 2) 1106 Leopold III. Mkgf. von Österreich † 15. XI. 1136

2.
Judith (Sofie) * 1047 † 1093/5
⚭ 1) 1063 Salomo Kg. von Ungarn
† 1087
⚭ 2) 1088 Wladislaw I. von Polen
† 4. VI. 1102

1.
Heinrich
* u. † ca. 1071

1.
Konrad * 1052

1.
HEINRICH V. * 8. I. 1086 † 23. V. 1125
Kg. 6. I. 1099 Ks. 15. IV. 1111
⚭ 6. I. 1114 Mathilde,
T. d. Kg. Heinrich I. von England,
* 7. II. 1102 † 10. IX. 1167

Staufer

errichtet wurden und den Herrschaftsanspruch der Fürsten und des Adels verkörperten. Mit Stadt und Burg, mit den großen im Geiste der Reform errichteten Klöstern und den Herrenhöfen als Zentren adeliger Grundherrschaft bekam das Land nördlich der Alpen ein anderes Gesicht, so wie sich auch die geistige Welt verändert hatte.

Im Zentrum der politischen Ereignisse stehen die Vorgänge, die mit dem Namen der Burg Canossa verbunden sind: die Opposition der Fürsten des Reiches – in Schwaben und Sachsen – gegen Heinrich IV., ihre Drohung, den vom Papst gebannten und abgesetzten König durch eine Neuwahl zu ersetzen (1076), dessen winterliche Reise nach Italien (Januar 1077), wo er in der Burg der Markgräfin Mathilde als Büßer vor dem Papst erscheinen mußte, um die Rücknahme der Exkommunikation zu erreichen, die Rückkehr schließlich in das vom Bürgerkrieg durchtobte Land und die Schlacht gegen den Feind und Gegenkönig Rudolf von Rheinfelden (1080), dies alles sind Dinge, die sich tief in das Bewußtsein der Zeitgenossen und der Nachwelt eingeprägt haben. Das Schlagwort vom »Investiturstreit« ist einem der kirchlichen Reformprogramme jener Jahre entnommen, das dem Laien die Belehnung der Geistlichen mit den Symbolen weltlicher Macht untersagte. Doch Investitur und Zölibat – das Verbot der Priesterehe – sind nur Ausdrucksformen für tiefergehende Konflikte und Probleme, die schließlich zu einer Neuordnung der damaligen Welt geführt haben.

Noch Heinrich IV. hat an der Lösung der ihn bedrängenden Fragen mitgewirkt und hat die Schaffung eines Verwaltungsorganismus eingeleitet, in den auch der königliche Besitz eingebunden wurde. Eine allgemeine Friedensordnung sollte den Bürgerkrieg beenden, eine Landes- und Verwaltungsreform bahnte sich an. Und auch das »Wormser Konkordat« von 1122, mit dem Heinrich V. den »Investiturstreit« beenden konnte, kennzeichnet nur eine Etappe auf dem Weg in ein neues Zeitalter für Staat und Gesellschaft. Wie sehr sich jedoch auch das Königtum verändert hat, zeigt die Wahl nach dem Tode Heinrichs V. (1127), in der nicht mehr das Geblüt den Ausschlag dafür gab, den nächsten Verwandten des Königs zu seinem Nachfolger zu bestimmen; sonst hätte sich schon damals die Stauferära organisch an die der Salier angeschlossen. Statt dessen hat die Wahl der Fürsten den Sachsenherzog Lothar von Supplinburg auf den Thron geführt und hat damit die Wahlmonarchie des späteren Mittelalters und der Neuzeit eingeleitet. Erst die Wahl von 1138 hat dann dem Staufer Konrad III. doch noch zu seinem auf geblütsrechtlichen Vorstellungen basierenden Erbe und damit zum Königtum der Staufer verholfen. Mit diesem Ereignis endet unsere Periode.

Mit einigen Büchertiteln ist diese Vorbemerkung zu schließen, Gesamtdarstellungen zur Geschichte der Salierzeit, des Hochmittelalters oder des 11. Jahrhunderts, wie immer diese Periode bezeichnet wurde. Sie sind fast alle jüngeren Datums und zeigen die verschiedenartigsten Ansätze. Ältere Werke mögen den Literaturangaben der jüngeren entnommen werden.

Literatur

K. HAMPE, Das Hochmittelalter (1932), 4. Aufl., hg. von G. TELLENBACH (Münster 1953).

K. HAMPE, Deutsche Kaisergeschichte zur Zeit der Salier und Staufer, bearb. von F. BAETHGEN (Heidelberg ^{8}1943).

J. DHONDT, Das frühe Mittelalter (Fischer Weltgeschichte, Bd. 10, Frankfurt 1968).

J. LE GOFF, Das Hochmittelalter (Fischer Weltgeschichte, Bd. 11, Frankfurt 1965).

J. FLECKENSTEIN, Grundlagen und Beginn der deutschen Geschichte (Deutsche Geschichte, Bd. 1, Göttingen 1973).

H. FUHRMANN, Deutsche Geschichte im hohen Mittelalter von der Mitte des 11. bis zum Ende des 12. Jahrhunderts (Deutsche Geschichte, Bd. 4, Göttingen 1978).

H. ZIMMERMANN, Das Mittelalter, Teil I: Von den Anfängen bis zum Ende des Investiturstreits (Braunschweig 1975).

H. JAKOBS, Kirchenreform und Hochmittelalter 1046–1215 (Oldenbourg Grundriß der Geschichte 7, München–Wien 1984).

F. PRINZ, Grundlagen und Anfänge. Deutschland bis 1056 (Die neue deutsche Geschichte, Bd. 1, München 1985).

A. HAVERKAMP, Aufbruch und Gestaltung Europas 1056–1273 (Die neue deutsche Geschichte, Bd. 2, München 1984).

H. KELLER, Zwischen regionaler Begrenzung und universalem Horizont 1024–1250 (Propyläen Geschichte Deutschlands 2, Berlin 1986).

E. HLAWITSCHKA, Vom Frankenreich zur Formierung der europäischen Staaten- und Völkergemeinschaft 840–1046 (Darmstadt 1986).

G. TELLENBACH, Die westliche Kirche vom 10. bis zum frühen 12. Jahrhundert, in: Die Kirche und ihre Geschichte, hg. von B. MOELLER (Göttingen 1988).

Zu den Saliern: E. BOSHOF, Die Salier (Stuttgart 1987), mit umfangreichen Literaturangaben (S. 312ff.).

S. WEINFURTER, Herrschaft und Reich der Salier (Sigmaringen 1990).

Die Salier und das Reich, hg. von S. WEINFURTER, 3 Bände (Sigmaringen 1991); einige Beiträge aus diesem Sammelwerk werden im folgenden einzeln aufgeführt.

K. R. SCHNITH (Hg.), Mittelalterliche Herrscher in Lebensbildern (Graz–Wien–Köln 1990).

Der »Stammvater«. Herzog Konrad der Rote, Speyer und das Reich

Im Speyerer Bistumsarchiv hat sich eine Urkunde erhalten – leider nicht im Original, sondern nur in einer späteren Abschrift –, die so viele wichtige Details enthält, daß ihr umfangreicher Text hier ungekürzt und in einer genauen Übersetzung wiedergegeben werden soll. Die Erläuterung wird ergeben, daß es sich nicht nur um eine Magna Charta der Speyerer Bistums- und Stadtgeschichte handelt, sondern auch um ein unschätzbares Dokument zur salischen Hausgeschichte. Zunächst also der Text:

Jeder von uns weiß – denn er erfährt es aus dem Bericht der Gläubigen –, daß uns, die wir danach trachten, irgend etwas von unserem Besitz an die Orte der Heiligen zu übertragen, der ewige Lohn nach Gottes Verheißung nicht ausbleiben wird, der gesagt hat: Hundertfach werdet ihr empfangen und das ewige Leben erhalten.

Deshalb soll der hohe Rang der Vornehmen und die Einsicht sonstiger Leute erfahren, daß ich, Herzog Konrad, Sohn des Grafen Werner, im Streben nach Gottes Gnade, zum eigenen und zum Seelenheil meiner Eltern, aus eigener Machtvollkommenheit an den Altar der heiligen Gottesmutter Maria, der in ihrem Namen und ihr zu Ehren in der Stadt Speyer oder Nemeta errichtet und geweiht ist, alles das geschenkt habe, was ich als Erbgut von meinen Eltern her in dieser Stadt besitze und was mir nach ihrem Tod als mein Anteil und rechtmäßig mit Zustimmung und einhelligem Willen meiner Brüder zugefallen war, damit es die Speyerer Kirche von nun an und für alle Zeiten ohne Widerspruch irgendeiner Person besitzen soll. Und damit dies zur Kenntnis vieler gelangt, so will ich nicht unterlassen, es im einzelnen aufzuzählen. Erstens habe ich geschenkt: alle Leibeigenen mit ihrer Nachkommenschaft, die ich dort in der Stadt besessen habe, ausgenommen eine Frau namens Virrela, die ich der Kirche in Worms übergeben hatte, um dort die Hilfe des Apostelfürsten Petrus zu erlangen. Ferner das Münzrecht, das mir allein zustand, die Hälfte des Zolls, dessen andere Hälfte von jeher dem Bischof dieses Ortes gehört hatte, einen unbebauten Platz (vielleicht ein zum Zoll gehöriger Stapelplatz) sowie die Salzsteuer, gemeinhin genannt »Salzpfennig«, eine Pechsteuer, genannt »Steinpfennig«, eine Steuer von jeglicher steuerbarer Habe, genannt »Pflichtpfennig«, sowie eine Weinsteuer, in deutscher Sprache »Ohmpfennig« genannt, die jedoch nicht von den Einwohnern der Stadt, sondern von den Auswärtigen und den aus anderen Gegenden Kommenden zu erheben ist.

Ferner habe ich geschenkt vier Hufen in Lußheim, außerdem alle Gerechtsame in- und außerhalb der Stadt, welche meinen Eltern und mir an den genannten Dingen durch königliche Schenkung und Verleihung bis heute zu Erbrecht zustanden. Dies alles habe ich an den oben genannten Altar und an den ehrwürdigen Bischof Reginbald und allen seinen bischöflichen Nachfolgern als ewige Schenkung und mit dem Recht, es zu vererben, übertragen, nämlich das Recht, Diebe einzufangen und festzuhalten; und was sie gestohlen haben und was bei ihnen entdeckt wird, das soll alles dem Herrschaftsrecht des Bischofs an seine Dienstleute zufallen; auch sollen die Kaufleute, die aus den verschiedensten Orten auf dem Fluß angefahren kommen und ihre Schiffe mit Wein und anderen Gegenständen beladen wollen, sowie die Bewohner der Stadt, die auf dieselbe Weise Handel treiben wollen, die Erlaubnis hierzu von niemand anderem als allein vom Bischof und seinen Amtleuten erhalten.

Dies alles habe ich dem genannten Altar auf unumstößliche Weise übergeben, auch wenn es nur wenig ist, verglichen mit dem ewigen Heil.

Dafür hat mir der genannte Bischof auf meine Bitte hin, aber auch auf den Rat des erfahrenen Bischofs Richgowo von Worms, der bei allen diesen Verhandlungen mit seinen Leuten dabei war, den Ort Rödersheim mit allen Zugehörden als Lehen auf Lebenszeit übergeben, nämlich mit unfreien Knechten und Mägden, mit Ochsen und Kühen, mit 19 Hufen, der Kirche und dem gesamten Zehntrecht, das bisher zum Unterhalt der Brüder der Kirche der Gottesmutter in Speyer diente, ferner in Dürkheim alles, was bisher sein Dienstmann Nodinc und was Widegowo zu Lehen innehatten; dazu fügte er mir 11 Hufen hinzu sowie die dortige Kirche, ausgenommen jedoch das Zehntrecht, das den bereits genannten Brüdern (des Speyerer Doms) gehört.

Ferner sprach er mir 3 Hufen und die Mühle in Erpolzheim zu, jedoch unter der Bedingung, daß dies alles nach seinem Tode, dessen Zeitpunkt ich nicht weiß und den nur Gott voraussehen kann, und was ich von diesem ehrwürdigen Bischof als Lehen übernommen habe, sogleich an den Altar zurückgegeben werden solle, dem es zuvor rechtsgültig gehört hatte, ohne Einspruchmöglichkeit irgendeiner Person.

Der Vorgang dieser Besitzübergabe ist geschehen in Speyer genannt Nemeta an den 3. Iden des März (13. März), einem Freitag, vor dem genannten Bischof, der Geistlichkeit und dem gesamten dort anwesenden Volk und den Zeugen, die unterschrieben haben, namens Adelbrath und Ceizzolf und anderen, im Jahr nach Christi Geburt 946, in der 4. Indiktion, im 12. Jahr der Regierungszeit König Ottos, unter dem Grafen und Herzog Konrad, Sohn des Grafen Wernher, der diese Schenkung vorgenommen hat und der den apostolischen Bischof Reginbald gebeten hat, die Urkunde zu unterschreiben.

Soweit der Text dieser überlangen Urkunde. Um es vorwegzunehmen: Sie ist sprachlich nicht gut formuliert und scheint uns im Aufbau unlogisch. Da sind Gedankenwiederholungen, und Sätze werden aneinandergereiht, wie sie einem Schreiber fast zufällig gerade in den Sinn kommen. Einem geübten Notar unterlief dies, wenn er ein wichtiges Dokument formulierte, nicht, und aus der Königskanzlei dieser Zeit kennt man eigentlich keine Stümpereien dieser Art. Auch mit dem Datum stimmt nicht alles, denn das angegebene Regierungsjahr Ottos I. paßt nicht zum Jahr 946, so daß man ein anderes Jahresdatum erwogen hat, ja sogar die Möglichkeit überlegte, die Urkunde könnte, weil sie so ungewöhnliche Formulierungen enthält, eine Manipulation aus späterer Zeit sein, also eine Fälschung. Doch macht man sich die Sache zu leicht, wenn man alles, was man nicht gleich erklären kann, weil es keine Parallelvorgänge gibt, zur Fälschung abstempelt. Denn der Aussteller der vorliegenden Urkunde vom 13. März 946 war nicht der König, sondern ein Herzog: Konrad, Sohn eines Grafen Werner. Empfänger war die Speyerer Bischofskirche, deren Bischof Reginbald an der Entstehung dieses Dokuments beteiligt war. Der Schreiber war wohl ein Speyerer Kleriker aus der Umgebung des Bischofs.

Ungewöhnlich ist bereits, daß man überhaupt eine Urkunde fertigte. Herzogsurkunden sind damals höchst selten; von Konrad ist es die einzige, die uns erhalten ist. Vorausgegangen war ein öffentlicher Rechtsakt in Speyer, bei dem auch der benachbarte Wormser Bischof mit seinem Gefolge anwesend war, also eine große Volksversammlung, und dies hätte völlig ausgereicht, um dem Vertrag, um den es hier ging, seine Rechtsgültigkeit zu verleihen. Er bestand aus zwei Teilen: einer Schenkung des Herzogs an die Speyerer Kirche sowie einer Belehnung des Herzogs auf Lebenszeit durch den Bischof. Einer Urkunde hierüber bedurfte es nicht. Daß man sie dennoch ausstellte, zeigt freilich, für wie wichtig man den Vorgang ansah. Die Schenkung bestand aus Gütern – Eigenbesitz des Herzogs, Amtsgut und königlichem Lehen –, Leibeigenen und Rechten. Letztere sind besonders interessant, denn es handelt sich um Regalien, dem König zustehende Rechte, die der dortige Graf in seinem Namen ausübte: Münze, Zoll, Steuern, die Kontrolle über den Handel mit den dazugehörigen Gerichtsrechten. Der Bischof übernahm also in Speyer Grafschaftsrechte mit den entsprechenden Einkünften. Als Gegenleistung belehnte er den Herzog mit Kirchengütern in der Umgebung der Stadt – jedoch nur auf Lebenszeit. Die Formulierungen hierüber sind umständlich, aber eindeutig.

Im Vorbeigehen erfährt man höchst aufregende Dinge, zum Beispiel über die Stadt. Das heißt, eine Stadt im Rechtssinne bestand in Speyer noch gar nicht. Das war sie in römischer Zeit gewesen, ein Handels- und Verkehrszentrum mit allen Merkmalen einer römischen civitas, mit Großbauten, deren steinerne Überreste auch nach über 500 Jahren noch allenthalben sichtbar waren, einschließlich der römischen Umfassungsmauern. Dort hatte der Bischof seine Kathedrale und seinen Wohnsitz; offenbar gab es auch eine Pfalz des im Auftrag des Königs amtierenden Grafen und mehrere Klöster am Rande oder außerhalb der Mauern, vor allem St. Johann (später St. Guido) und St. German. Die bischöfliche Kirche, die Vorgängerin des heutigen Doms, dürfte ein bescheidener Bau gewesen sein, wie auch der Besitz der Bischofskirche nicht üppig war. Dieser älteste Speyerer Dom ist archäologisch bisher nicht nachgewiesen.

Indessen war der Bischof der Herr über eine Handwerkersiedlung, und, so

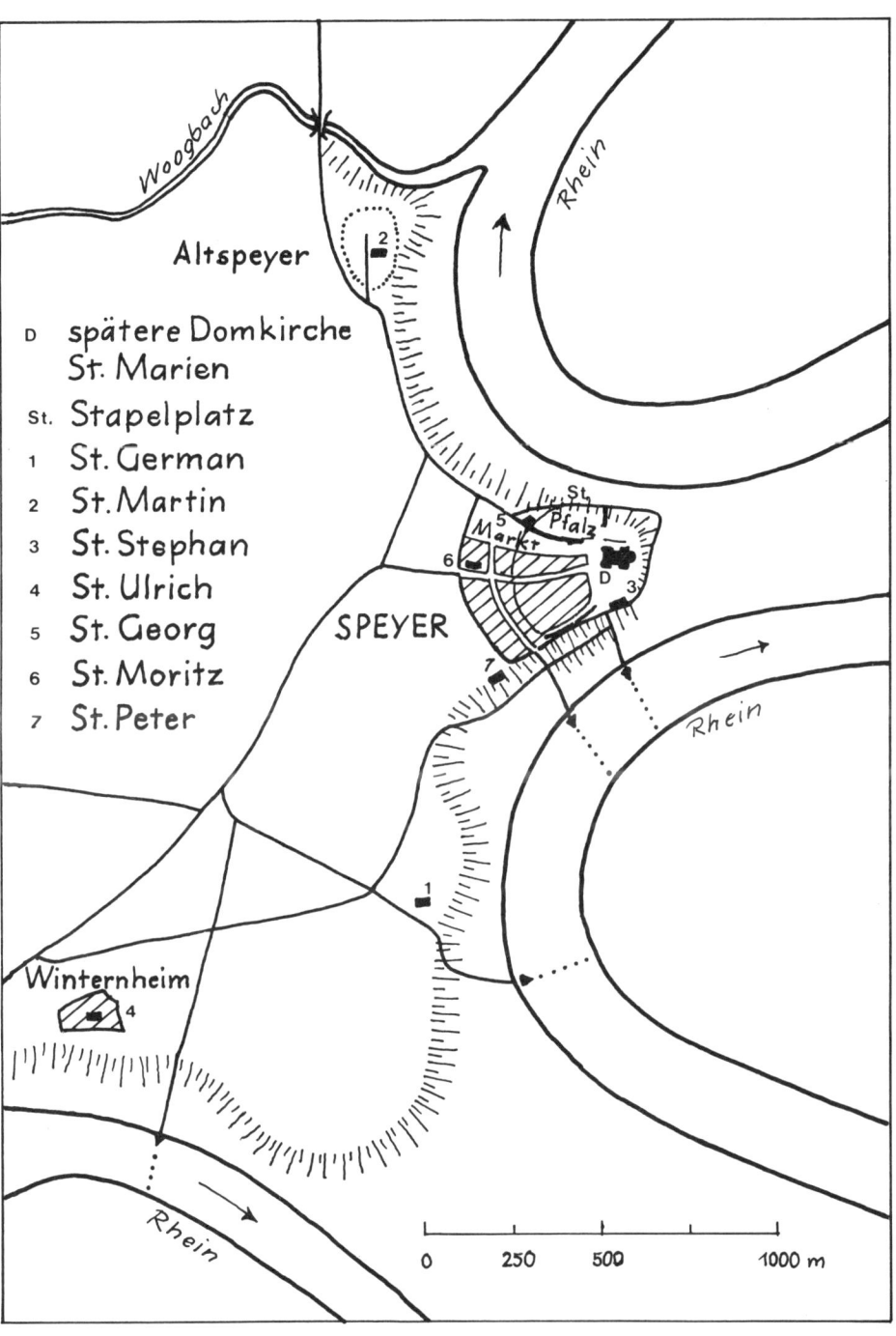

Woogbach

Rhein

Altspeyer

D spätere Domkirche
   St. Marien
St. Stapelplatz
1 St. German
2 St. Martin
3 St. Stephan
4 St. Ulrich
5 St. Georg
6 St. Moritz
7 St. Peter

St. Pfalz

Markt

SPEYER

Rhein

Winternheim

Rhein

0   250   500   1000 m

Speyer um die Jahrtausendwende. Nach der Karte von L. A. Doll, Speyer 1820, in: Pfalzatlas, hg. von
W. Alter, Textband 1, Karte 43, S. 478.

erfahren wir jetzt, es hat Kaufleute in Speyer gegeben, die mit dieser Urkunde ganz unter bischöfliches Recht gestellt wurden. Es gab eine Schiffslände und einen Stapelplatz am Rhein. Kaufleute von auswärts, wohl vom Niederrhein, schlugen hier ihre Waren um, wobei der Wein eine wichtige Rolle gespielt hat, und auch Speyerer Kaufleute waren am Warenaustausch beteiligt. Was sonst hier alles gehandelt wurde und wie gut dies organisiert war, läßt sich schwer sagen, doch die vorliegende Urkunde läßt vermuten, daß der Handel blühte und Erträgnisse abwarf, solange er nicht durch Krieg – wie die Ungarneinfälle – oder Naturkatastrophen gestört war. Wie eine Blitzlichtaufnahme gibt unser Dokument für einen Moment den Blick frei auf das Wirtschaftsleben am Rhein in ottonischer Zeit.

Der Bischof, den man hier, zusammen mit seinem Wormser Kollegen, kennenlernt, war bisher kein starker Partner des Königs gewesen, doch mit dem Schenkungsvorgang, um den es hier geht, wurde er aufgewertet, und dies liegt ganz im Rahmen ottonischer Politik. Denn Otto I. hat die Bistümer mit Adeligen aus der vornehmsten Schicht des Reiches besetzt – hervorragend ausgebildeten Geistlichen, die eine Station ihrer Laufbahn am Königshof verbrachten und die danach als Bischöfe Aufgaben des Reichs zu übernehmen hatten, in Verwaltung, Politik, Schule und Wissenschaft und sogar im Militär. Auch die beiden Bischöfe unserer Urkunde darf man in diesen Kreis einbeziehen, und in diesem Sinne ist die Erweiterung der Kompetenz des Speyerer Bischofs eingebunden in die Kirchenpolitik des Königs.

Weniger Glück hatte Otto I. mit den weltlichen Fürsten, den Herzögen. Sie waren seine nächsten Verwandten wie sein Bruder Heinrich in Sachsen und Bayern, sein Sohn Liudolf in Schwaben, seine Schwiegersöhne Giselbert und Konrad in Lothringen – und damit sind wir wieder bei unserer Urkunde. Denn ihr Aussteller, Herzog Konrad, war damals der wichtigste Mann in der Umgebung Ottos I. Wohl 947, ein Jahr nach dem Speyerer Vertrag, hat er Ottos Tochter Liutgard geheiratet und rückte damit in die nächste Nähe des Königs. Er ist der »Spitzenahn« der Salier, und als Konrad »den Roten« bezeichnen ihn bereits die Zeitgenossen, die ihn mit diesem Übernamen von anderen gleichnamigen Fürsten unterscheiden. Sie wissen viel von seinen Taten zu berichten, jedoch merkwürdig wenig über Konrads Herkunft. Ohne die vorliegende Urkunde wüßten wir nicht, wer sein Vater war und welcher Familie er zugehörte. Seine 946 erwähnten Brüder kennen wir nicht mit Namen, und vieles, was man in diesem Zusammenhang erschlossen hat, bleibt Hypothese. Wer also ist es, dem der König seine Tochter zur Frau gab und ihn dadurch zum Teilhaber seiner Königsherrschaft machte? Hatte Konrad, wie man doch vermuten sollte, schon vor seiner Ehe zu den mächtigsten und vornehmsten Männern des Reichs gehört, war er gar, wie man aus seinem Namen geschlossen hat, ein Verwandter König Konrads I. gewesen, oder war er nur ein unentbehrlicher Helfer, der Otto seit 940 in den Kämpfen gegen seinen Bruder Heinrich beistand und dem dieser als Dank dafür, um 944, das Herzogtum Lothringen anvertraute? Damit freilich erhielt er eine Schlüsselposition im Grenzbereich des deutschen Reiches und seiner westfränkischen Nachbarn. 951 – bis dahin war das Verhältnis Konrads zum König ungetrübt – nahm er am Italienzug Ottos teil und wurde in Pavia als sein Stellvertreter zurückgelassen.

Die Frage nach seiner Herkunft hat also ihre Berechtigung. Daß er Graf im Worms- und Speyergau war, ließ sich der Urkunde von 946 entnehmen. Zu beiden Bischofskirchen besaß er enge Beziehungen; in Worms liegt er, um dies vorwegzunehmen, begraben. Auch dort hatte er, wie in Speyer, eine Pfalz oder, bescheidener ausgedrückt, einen herrschaftlichen Wohnsitz unweit der Domkirche. Auch der an den Wormsgau angrenzende Nahegau, südlich des Rheins bei Bingen, gehörte zum geschlossen anmutenden Gerichtsbezirk Konrads und seines Vaters Werner, der hier seit 906 als Graf bezeugt ist. Dessen Vorgänger war ein Graf Walacho, den man im Speyergau noch in den Jahren 900 und 902 findet, doch bald danach ist es offenbar zu einer Ablösung gekommen, in deren Verlauf Werner und Konrad in dieses Gebiet eingerückt sind, das dann zum »Kerngebiet« der Salier werden sollte.

Die Suche nach den Vorfahren Werners hat zu einer ganzen Folge von Vermutungen und Hypothesen geführt, die allesamt an dem Kloster Hornbach, einem der ältesten fränkischen Klöster (im Bliesgau bei Zweibrücken), orientiert sind, einer 742 von Pirminius gegründeten Abtei eines Adeligen namens Werner. Zu seinen Nachkommen gehörten nach der Hornbacher Tradition ein Graf Wido und sein Sohn Lambert, und auch die Brüder Wido, Rodolt und Werner, Söhne eines Lambert, die um 790 mit dem Kloster Mettlach bei Trier in Verbindung standen, hat man in diesen Familienkreis eingeordnet. Damit gelangte man in den Bereich der sogenannten »Widonen«, einer angesehenen Familie des 8. und 9. Jahrhunderts, deren Nachkommen in Italien als Herzoge von Spoleto Karriere gemacht und schließlich von Spoleto aus in den Kampf um das Königtum in Italien eingegriffen haben. 891 wurde Wido (II.) in Rom zum Kaiser gekrönt, im Jahr danach sein Sohn Lambert. Doch schon 894 ist der Vater, 898 der Sohn gestorben, ehe sie ihre Herrschaft über Italien hatten ausbauen können. Indessen war man mit den »Widonen« einer illustren Gesellschaft auf die Spur gekommen, und da der Name Werner in diesen Zusammenhang wies und mit Hornbach verbunden blieb, wo 865 ein »senior«, ein Laienabt, dieses Namens bezeugt ist, glaubte man den Faden gefunden zu haben, der zu Konrads Vater Werner und damit zu den Vorfahren der Salier führte. Die salischen Klostergründungen auf den Namen des hl. Lambertus, von denen im nächsten Kapitel die Rede sein wird, lassen etwas von dem Wissen um die »widonische« Vergangenheit erkennen.

Man braucht diese gelehrten Genealogien, die mit viel Scharfsinn erschlossenen Zusammenhänge im Geflecht karolingischer Adelsfamilien, durchaus nicht von der Hand zu weisen, muß sie hier jedoch auch nicht in allen Einzelheiten nachvollziehen. Daß es nicht überzeugend gelungen ist, einen Stammbaum aufzustellen, der die Kontinuität von Werner, dem Hornbacher Gründer von 742, zu Werner, dem Vater

Konrads des Roten, zwingend nachweisen konnte, ist nämlich nicht nur eine Frage der Quellenarmut, ist also nicht einfach dem Zufall zuzuschreiben, der uns die entscheidenden Beweisstücke vorenthalten hat. An der Kontinuität einer hochadeligen Familie, so wie sie in diesem Zusammenhang vermutet wurde, möchte man eigentlich gar nicht zweifeln, muß sich jedoch fragen, was sie wirklich besagen will.

Denn bezeichnenderweise ist Konrad nur in unserer Speyerer Urkunde von 946 als Sohn Werners genannt, und seine Brüder – einer soll wieder den Leitnamen Werner getragen haben – kennt man gar nicht. Der Name Werner aber, bisher offenbar Hauptname des Mannesstammes, kommt bei den »Saliern« ab sofort nicht mehr vor. Leitname bleibt der Name Konrad, und mit ihm die Königsnamen Otto und Heinrich sowie Bruno und Wilhelm als die Namen für die Geistlichen der Familie. Dies aber sind die Namen der ottonischen Königsfamilie, in die Konrad hineingeheiratet hat und mit der er sich von nun an identifizierte. Damit ist ein Programm ausgedrückt. Mögen Konrads eigene Vorfahren noch so vornehme Leute gewesen sein, mag es sogar Seitenverwandte gegeben haben, die es in Italien bis zur Kaiserwürde gebracht haben: dies alles zählte nicht mehr angesichts der Tatsache, daß Konrad durch seine Heirat mit Liutgard zum Schwiegersohn des Königs wurde, der ihn ins Vertrauen zog, ihn mit hohen und höchsten Aufgaben betraute und die Hoffnung in ihm weckte, er selbst oder doch einer seiner Söhne könne eines Tages König werden. Wann Konrads Sohn Otto geboren ist, wissen wir nicht, doch nach dem Heiratsdatum läßt sich vermuten, daß dies noch vor 950 war, jedenfalls vor Heinrich und Otto, den Söhnen aus der Ehe König Ottos I. mit der Burgunderin Adelheid. Konrad der Rote muß seinen Sohn Otto als möglichen Königskandidaten betrachtet haben, und dies führt in das letzte Kapitel seines Lebens, zu seiner Beteiligung am Aufstand seines Schwagers Liudolf von Schwaben gegen den König.

Wie es dazu kam, ist nicht eindeutig ersichtlich. 951 hatte Konrad in Italien gegen Kaiser Berengar gestanden, den er möglicherweise nicht mit der Entschiedenheit bekämpft hat, die Otto I. von ihm forderte. Ob Konrad in Italien seine eigenen Interessen verfolgt hat, ob er die Auffassung Liudolfs teilte, ihr Einfluß sei im Schwinden: um die Jahreswende 952/53 jedenfalls hat sich die Fraktion der Mißvergnügten zusammengefunden, um ihre gemeinsamen Aktionen einzuleiten. Danach hat Konrad sein Herzogtum eingebüßt. An seine Stelle trat in Lothringen Erzbischof Brun. Und seine moralische Niederlage war besiegelt, als bekannt wurde, er habe mit den Reichsfeinden, den Ungarn, paktiert, habe diese sogar an Palmsonntag 954 in Worms als Gäste empfangen und bewirtet und habe ihnen schließlich Begleiter gestellt, mit deren Hilfe sie ihren Plünderungszug durch den Westen des Reichs fortsetzen konnten. Der militärischen Niederlage folgte die Unterwerfung. Es blieb dabei: Konrad und Liudolf verloren ihr Herzogsamt, doch Konrad behielt den Herzogstitel bei, den dann auch sein Sohn, der »dux Wormatiensis«, Herzog Otto von Worms, führte.

In der Lechfeldschlacht gegen die Ungarn, die nun endgültig aus dem Reich vertrieben wurden, endete Konrad sein Leben. Obwohl er nicht mehr Herzog war, führte er dem König ein starkes Reiterkontingent zu. Er habe, so berichtet der Chronist Widukind von Corvey, den vierten Heerhaufen der Franken angeführt, deren »rector et procurator« er gewesen sei: das Wort dux = Herzog wird vermieden. Er habe sogar die Fahne selbst getragen. Die Franken, so scheint es, waren Konrads eigene Leute aus dem Worms- und Speyergau, die mit ihm großen Anteil am erfolgreichen Ausgang der Schlacht hatten. Viele Quellen berichten von seiner Tapferkeit, ja, seinem Wunsch, seine vormaligen Verfehlungen mit dem Tod zu sühnen. Der Herzog habe, so wird erzählt, an dem heißen Tag (10. August 955) seinen Helm abgesetzt und sei von einem Pfeil getroffen worden, der ihm die Kehle durchbohrte. Seine Leute brachten ihn nach Worms, wo er beigesetzt wurde.

Mit seinem Tod hat Konrad in der Tat vergessen lassen, was vorher gewesen war. Sein Grab im Wormser Dom gilt nicht nur dem Grafen und Herzog, der in Worms seine Residenz gehabt hatte, sondern vor allem dem Sieger der Ungarnschlacht. Als solcher wurde Konrad zum »Spitzenahn« der Salier, der Familie, die man – und dies besagt der Name – mit der führenden Familie der Franken gleichsetzte. Von daher erübrigt sich die Frage nach den Anfängen des salischen Hauses. Es ist das Haus der Nachkommen Konrads des Roten, des Schwiegersohns Kaiser Ottos I.

Quelle

Hilgard, Urkundenbuch der Stadt Speyer I Nr. 4 S. 3–5, nach GLA Karlsruhe, 67/448 Bl. 22 (Codex minor Spirensis). Zur Übersetzung vgl. auch F. X. REMLING, Geschichte der Bischöfe von Speyer I, (Mainz 1852), S. 233f., vgl. A. DOLL, Zur Frühgeschichte der Stadt Speyer, in: Mitt. des Histor. Vereins der Pfalz 52 (1954) S. 159–163.

Literatur

H. SPROEMBERG, Die lothringische Politik Ottos d. Gr., in: Rhein. Vierteljahrsbll. 11 (1941), S. 1–101.

H. SCHREIBMÜLLER, Die Ahnen Kaiser Konrads II. und Bischof Brunos von Würzburg, in: Würzburger Diözesangeschichtsbll. 14/15 (1952/53), S. 173–233.

A. DOLL, Das Pirminskloster Hornbach, in: Archiv für mittelrhein. Kirchengesch. 5 (1953), S. 120ff.

W. METZ, Miszellen zur Geschichte der Widonen und Salier, vornehmlich in Deutschland, in: Histor. Jahrb. 85 (1965), S. 1–27.

W. GLOCKER, Die Verwandten der Ottonen und ihre Bedeutung in der Politik. Studien zur Familienpolitik und zur Genealogie des sächsischen Kaiserhauses (Köln 1989), S. 101–119 und S. 279.

Zum Saliernamen H. BRESSLAU, Jahrbücher des deutschen Reiches unter Konrad II. Bd. 2 (Leipzig 1884), S. 519f. = Exkurs X: Der Name der Salier. Vgl. K. SCHMID, Memoria (wie S. 49), S. 717.

Herzog Otto von Worms, der »Kirchenräuber«

Eine Abhandlung aus dem Jahr 1961 trägt den langen und programmatischen Titel: »War der Salier, Graf Otto von Worms, Herzog von Kärnten (955–1004), unter Ausnützung der Schwäche der Reichsregierung ein Raffer von Reichsland und ein Räuber von Klostergut?« Die Frage so zu stellen, bedeutete natürlich, sie zu verneinen: hier geht es also um eine historische Rehabilitierung. Herzog Otto »von Worms« haben wir bereits kennengelernt. Er ist der einzige Sohn Konrads des Roten und der Königstochter Liutgard mit dem an Otto I. erinnernden Königsnamen. Die in dem Aufsatz genannten Eckdaten sind das Todesjahr des Vaters in der Lechfeldschlacht einerseits, Ottos eigenes und gut überliefertes Todesjahr andererseits. Dagegen weiß man nicht, wann Otto geboren ist; zwischen 948 und 950, so mag man annehmen. Beim Tod des Vaters war er jedenfalls noch ein Kind.

Den Namen des »Kirchenräubers« haben ihm Zeitgenossen beigelegt, und zwar die Mönche von Weissenburg im Elsaß. Weissenburg war eines der ältesten und besitzreichsten Klöster des fränkischen Gebietes. Seine Güter erstreckten sich vom Nordrand der Vogesen bis an den Pfälzer Wald, aber sie griffen auch über den Rhein hinüber in den Kraichgau, in das Gebiet von Oos und Pfinz, reichten also bis an den Nordrand des Schwarzwaldes. Zugleich war Weissenburg eines der führenden karolingischen Reichsklöster; in der zweiten Hälfte des 9. Jahrhunderts schrieb dort der Mönch Otfried seine Evangelienharmonie in deutscher Sprache nieder. In unserer Zeit stand Weissenburg personell in enger Beziehung zum Bistum Speyer, dessen Bischof zeitweilig auch Abt von Weissenburg gewesen ist.

In Weissenburg nun entstand in der zweiten Hälfte des 13. Jahrhunderts, unter seinem Abt Edelin, eine Handschrift, in der mehrere ältere Besitzaufzeichnungen zusammengestellt sind. Sie gehen auf das 9. und 10. Jahrhundert zurück, enthalten also Notizen über den Klosterbesitz in karolingischer und ottonischer Zeit. Für uns ist folgender Eintrag interessant: *Nach dem Tode Kaiser Ottos II. war sein Sohn Otto, der zu dieser Zeit noch ein kleines Kind war, wegen seiner Schwächlichkeit von vielen unbeachtet und sollte des Reiches beraubt werden. Manche wurden durch diesen Glauben dazu verleitet, daß sie Teile des Reiches an sich rissen, so gut sie es vermochten. Unter diesen war auch Herzog Otto, Sohn des Herzogs Konrad, der die Abtei Weissenburg, die er auf feindselige Weise bedrückte, seiner Herrschaft unterwarf, wobei er die Lehen der klösterlichen Dienstleute und die zum Unterhalt der Mönche bestimmten Güter mit unrechtmäßig angemaßter Vollmacht an seine Anhänger verteilte. Diese Güter sind folgende (es schließt sich eine Liste von 68 Höfen an). Dies ist geschehen im Jahr 991 unter König Otto III.*

Nun enthält in der Tat diese Liste einen Großteil der zur Weissenburger Grundherrschaft zählenden Höfe, und der an Herzog Otto gerichtete Vorwurf, er habe nach dem Tod König Ottos II. (983) die Vormundschaft für Otto III., die seine Mutter Theophanu für ihn führte, dazu benutzt, um sich unrechtmäßig an Kirchengut zu bereichern, wird auch in den Weissenburger Annalen wiederholt, in diesem Fall zum Jahr 985. Auch dort heißt es, Otto sei in das Kloster eingedrungen, habe es besetzen lassen und habe die Klostergüter an seine Leute verteilt. In Weissenburg war man also fest davon überzeugt, daß er dem Kloster schweren Schaden zugefügt habe.

Eine ähnliche Überlieferung über Otto gibt es in Worms selbst, wo der Herzog, wie schon sein Vater, eine pfalzähnliche Residenz besaß. Auch hierüber berichtet eine Quelle, die, ähnlich wie in Speyer, fast blitzlichtartig eine bis dahin dunkle Szenerie erhellt. Es handelt sich um die Lebensbeschreibung des Bischofs Burchard von Worms (Bischof von 1000 bis 1025), die bald nach seinem Tode von einem Wormser Kleriker niedergeschrieben wurde. Da wird zunächst von der Jugend und Erziehung des jungen Burchard berichtet, der in Domschule und Hofkapelle seine Ausbildung erfuhr, ehe er, nach dem Tode seines Bruders Franco, Bischof in Worms wurde. Daran schließt sich eine drastische Schilderung des Lebens in Worms an, das Burchard in einem desolaten Zustand angetroffen habe. Es sei eher ein Ort für wilde Tiere als für Menschen gewesen, und da die Mauern darniederlagen, hätten Räuber und Wölfe freien Zugang in die Stadt gehabt. Schließlich seien die Menschen aus der Stadt, die ihnen keinen Schutz mehr bot, ausgezogen und hätten ihre Behausungen außerhalb mit Zäunen und Palisaden geschützt.

Dieses Bild kontrastiert in üblicher Weise zum Aufbauwerk des heiligen Bischofs, der sogleich nach seiner Regierungsübernahme daranging, die Mauern wieder herzustellen und die Bürger in die Stadt zurückzuholen. Dort allerdings, so heißt es, habe es ein Problem besonderer Art gegeben: *Herzog Otto und sein Sohn Konrad besaßen in der Stadt eine Festung mit Türmen und verschiedenen Gebäuden. In dieser Behausung hatten Räuber und Diebe und alle Feinde des Bischofs einen sicheren Zufluchtsort. Wenn nämlich irgend jemand gegen den Bischof und seine Leute mit Wort und Tat straffällig geworden war, so begab er sich sogleich an jenen Ort, und deshalb gab es auf beiden Seiten Mord und Totschlag. Der Gottesmann (Bischof Burchard) ertrug diese Schande und diese ständigen Beeinträchtigungen lange Zeit, aber er widerstand auch ihren Missetaten mit starkem Geist auf unerschrockene Weise. So kam es, daß der Gottesmann dieses Geschlecht zeitlebens haßte und diese Leute gleichsam als Kirchenschänder von sich wies – ausgenommen einen Jüngling, den seine Eltern und Verwandten als unwürdig ausgestoßen hatten, da er friedfertig war und die Unschuld der Lebensführung liebte. Diesen holte der Gottesmann zu sich, lehrte ihn die Gottesfurcht wie die Gottesliebe gleichermaßen und erzog ihn wie seinen eigenen Sohn. Und da er die Beständigkeit des Geistes in ihm erkannte, liebte*

Der "salische Kirchenraub" Herzog Ottos

- entfremdeter Besitz des Klosters Weißenburg
⊙ salisches Kloster
● Bistum

Bettenheim
Weinolsheim
Rhein
Westhofen
Gundersheim
Gundheim
Worms
Heppenheim
Kolgenstein
Grünstadt
Weisenheim
Littershm.
Gerolshm.
Weisenheim
Eygersheim
Kallstadt
Freinshm.
Ungstein
Flomers-hm.
Limburg
Pfeffingen
Neckar
Wachenhm.
Mutterstadt
Meckenheim
Mußbach
Böhl
Hochhausen
Lambrecht
Haßloch
Iggelheim
Hoffenheim
Speyerdorf
Speyer
Altdorf
Böbingen
Weingarten
Essingen
West-heim
St. Johann
Lustadt
Godramstein
Bornheim
Leinsweiler
Ottersheim
Liedolsheim
Ō̄wisheim
Insheim
Herxheim
Bruchsal
Eppingen
Mühlhofen
Rohrbach
Zaisenhausen
Heidelsheim
Flehingen
Weingarten
Derdingen
Pfaffenhofen
Weißenburg
Hagsfeld
Elfingen
Münchhausen
Grötzingen
Bietigheim
Durmersheim
Bissingen
Oberriexingen
Großglattbach
Rhein
Renningen
Simmozheim

0   10   20 km

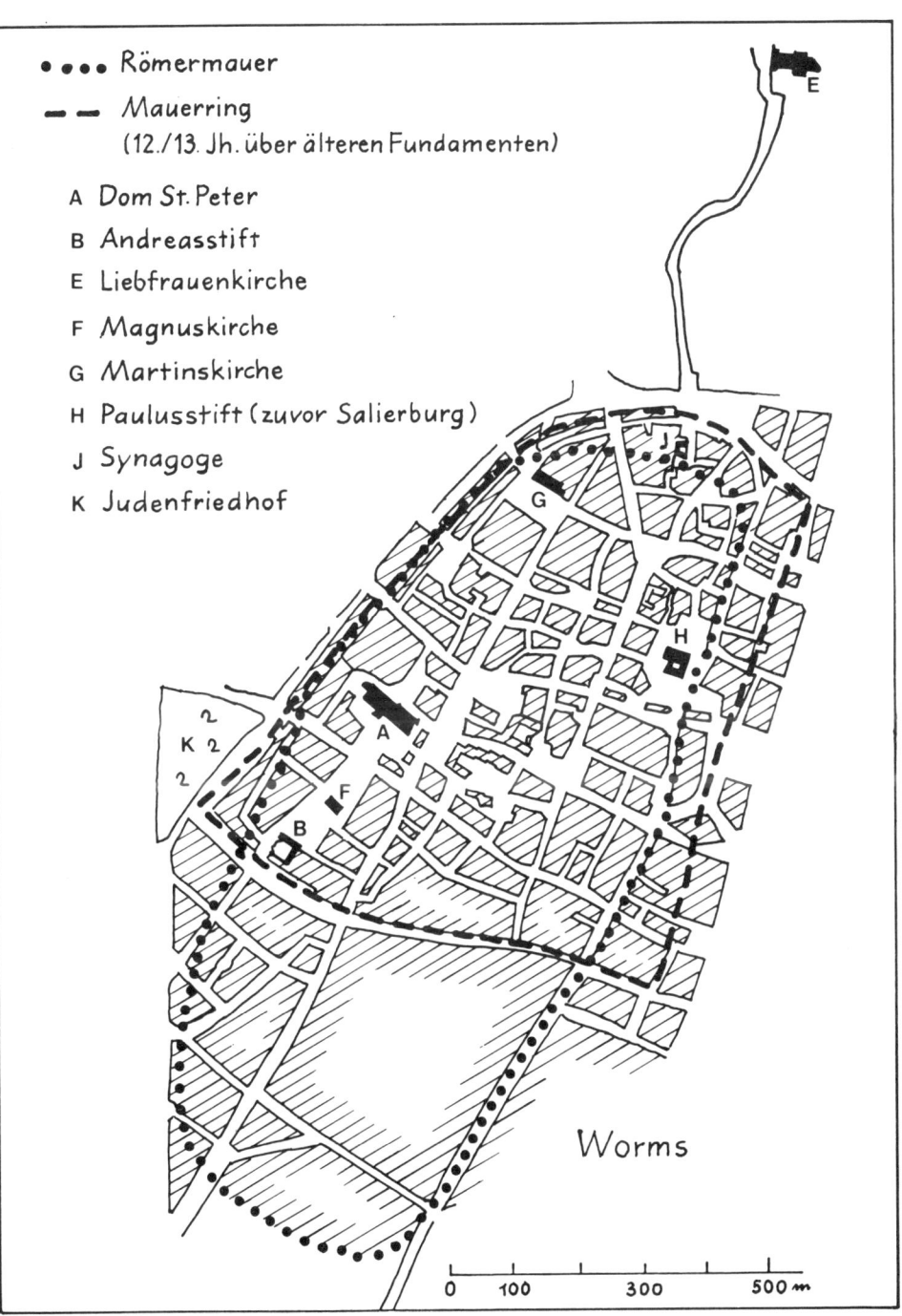

Legend:

●●●● Römermauer

▬ ▬ Mauerring
(12./13. Jh. über älteren Fundamenten)

A Dom St. Peter

B Andreasstift

E Liebfrauenkirche

F Magnuskirche

G Martinskirche

H Paulusstift (zuvor Salierburg)

J Synagoge

K Judenfriedhof

Worms

0   100   300   500 m

Worms im Hochmittelalter. Nach G. Dehio, Handbuch der deutschen Kunstdenkmäler, Rheinland-Pfalz (Deutscher Kunstverlag 1972), S. 1001.

er ihn sehr vor allen anderen. Diesen erhob Gott später auf den Thron des Königtums. Als nun der Bischof keine Hoffnung mehr hatte, sich der Gewalt dieser mächtigen Leute anders erwehren zu können, umgab er seinen Hof mit einer Mauer wie bei einer Burg und erstellte auf diese Weise eine Festung, indem er sie im Innern mit Türmen und Gebäuden ausstattete, die zur Verteidigung geeignet waren...

In diesem Bericht finden wir also ein Stück Wormser Wirklichkeit. Noch existierte die alte Römermauer, die jedoch baufällig war und nur wenig Schutz bot, und innerhalb der Mauern gab es eine Burg der Salier als geschlossene Anlage, mit Türmen und Befestigungen, für deren Erbauung man wohl die herumliegenden römischen Quadern antiker Großbauten benutzt hatte. So kennen wir es aus der gleichen Zeit von allen alten Römerstädten, vor allem in Frankreich und Italien, und natürlich ist klar, daß ein großer Teil des von den römischen Mauern umschlossenen Areals unbesiedelt war. Mit den wenigen Menschen, die in ihrem Schutz wohnten, ließen sie sich auch nicht verteidigen. In der Nähe der Bischofskirche stand der Bischofshof, auch er befestigt und, wie wir hier erfahren, in der Zeit Burchards noch stärker ausgebaut. Die Salier und der Bischof waren verfeindet: ihre Burgen lagen einige hundert Meter auseinander und boten Gelegenheit zu kriegerischen Auseinandersetzungen. Seltsam ist der Bericht von dem Kind aus salischem Hause, das von den Seinen verstoßen und vom Bischof aufgenommen wurde: in Anlehnung an ein Bibelwort (Ps. 118,22) wird, gleichsam im Vorgriff, berichtet, daß es einst König werden sollte: es handelt sich um den späteren Konrad II. Im übernächsten Kapitel wird darauf zurückzukommen sein.

Herzog Otto, der hier zusammen mit seinem Sohn Konrad in wenig schmeichelhafter Umgebung erscheint – Anführer eines Adelsclans, der sich mit einer wilden Soldateska umgeben hatte –, kommt in der Burchardsvita ein Kapitel später wieder vor, und wieder geht es um die salischen Festungsanlagen in Worms, die dem Bischof ein Dorn im Auge waren. Inzwischen war Heinrich II. König geworden (1002), ein Gegenspieler der Salier, und Bischof Burchard benutzte den ersten Aufenthalt des neuen Herrschers in Worms, ihn um Hilfe anzugehen. Der Biograph Burchards stellt sich dies folgendermaßen vor: *Als nun Heinrich auf den Thron des Reichs erhoben wurde, erinnerte sich Burchard an seine Versprechungen und mahnte den König bei Tag und Nacht inständig hinsichtlich der Freiheitsprivilegien seiner Stadt. Schließlich rief der König den Herzog Otto zu sich, beriet sich mit ihm und tat ihm seinen Willen kund. Dieser war ein kluger Mann und antwortete mit verständigen Worten: »Vater, auch wenn du eine große Sache von mir verlangst, so will ich doch Folge leisten. Du darfst ganz sicher sein, daß ich hoffen darf, im Königreich Gottes den ewigen Lohn mit dir zusammen erlangen zu dürfen.« Mit solchen und ähnlichen Reden wurde die Angelegenheit abgemacht, und dann wurde der Hof Bruchsal mit allen Zugehörden und Rechten dem Herzog zum Tausch für dieses Haus übertragen. Auf diese Weise wurde Worms, das lange Zeit feindlicher Sklaverei unterworfen war, durch die frommen Werke des Bischofs befreit. Noch am selben Tag, an dem der Herzog seine Festung verließ, nahm der Bischof jenes Haus im Beisein vieler in Besitz, und voller Eifer zerstörte er es bis auf die Grundmauern. Dann baute er mit demselben Steinmaterial ein Kloster zu Ehren des hl. Paulus und erweiterte diesen Titel folgendermaßen: Kirche der städtischen Freiheit.* (Abb. 11)

Demnach, so möchte man sagen, hatte doch alles seine Richtigkeit. Zwei Quellen erzählen unabhängig voneinander, daß Otto von Worms ein Tyrann war, der sich Kirchengut aneignete und seine Getreuen damit ausstattete: ein gewalttätiger und selbstherrlicher Fürst. Seltsam ist nur, wie bereitwillig er nachgab, als es darum ging, seine Stammburg in Worms aufzugeben und gegen den Königshof in Bruchsal zu vertauschen, von dem wir im übrigen nicht wissen, wie er aussah und welchen Wert er besaß. Seltsam ist auch, wie sehr man Otto später noch für seine fromme Nachgiebigkeit rühmte, nicht als Kirchenräuber, sondern eher als Kirchenfreund. Der Chronist und Bischof Thietmar von Merseburg rühmt seine Tat sogar in Versen. Sie muß also großes Aufsehen erregt haben.

> *Worms ist die andere Stadt, die dieser Tage sich mitfreut*
> *Neu errungener Freiheit, von der sie den Schatten nur kannte;*
> *War sie doch rechtlich bisher ihrem Herzoge untergeordnet.*
> *Unter den Großen des Herrn ist auch Bischof Burkhard von Herzen*
> *Glücklich, daß er nunmehr ringsum aller Furcht vor den Gegnern*
> *Ledig geworden und weit entrückt durch die Gnade des Herrschers.*
> *Herzogshof wurde nunmehr zum herrlichen Haus des Herrn Christus,*
> *Auszuschalten vermag der Klerus parteiliche Richter.*
> *Alles das gab uns in leuchtender Frömmigkeit Heinrich, der König,*
> *Löste die Kirche durch eigenes Gut aus, gab Christus sie wieder.*
> *Willig stimmte ihm zu der fromme und gütige Herzog*
> *Otto, und sorglich ließ er die Gabe des Herrschers bestätigen.*
> *Sei es ein Grund der Freude für alle gläubigen Menschen!*

Hinter diesen Versen steht das Lob auf König Heinrich II., aber auch auf den »frommen und gütigen Herzog Otto«. Liegt die Sache vielleicht also doch anders und verbergen sich hinter diesem Vorgang Dinge, die wir uns erst zurechtlegen müssen? Welche politische Rolle nahm Otto damals ein? Der Verfasser des am Anfang zitierten Aufsatzes meint, es gäbe eine Fülle urkundlicher Belege über ihn, die ihn jedoch in einem eigentümlichen Zwielicht stehen ließen. Eine jüngere Arbeit hingegen meint, das Quellenmaterial für ihn sei derart dünn, daß es sich gegen jegliche nähere Untersuchung sperre: bei den meisten Fragen müsse es dabei bleiben, daß sie nicht lösbar seien. Was also weiß man?

Otto erscheint zunächst als »Titelherzog« in Franken, gleich seinem Vater nach seiner Absetzung. Als 975 Kärnten vom Herzogtum Bayern abgetrennt wurde und zum eigenen herzoglichen Amtsbezirk mit Grenzaufgaben im Osten des Reichs wurde, in dem die Ungarngefahr gebannt war, wurde Otto schon wenige Jahre danach Herzog von Kärnten. Ob es die Erinnerung an den Tod des Vaters in der Ungarnschlacht war, ob das Bedürfnis, dem Titel ein Amt hinzuzufügen: von 978 bis 985 amtierte Otto als Herzog von Kärnten, erneut nach 995 und bis zu seinem Tod. Dann ging sein Amt an seinen Sohn Konrad über, den wir in der Vita Burchards kurz kennengelernt hatten.

So wird also Kärnten von 978 an zum neuen Tätigkeitsfeld der Salier. Wir wissen nicht, ob Otto im Auftrag seines kaiserlichen Vetters, Otto II., eingesetzt wurde, dem er von nun an als Markgraf von Verona ein starkes Truppenkontingent in Italien zuführte und dem er bis zu seinem Tod eine ebenso starke Stütze war wie der Kaiserin Theophanu, oder ob sich schon die Auseinandersetzungen in Worms abzeichnen, wo Hiltibald, der Vorgänger Bischof Burchards von Worms und seinerseits ein enger Vertrauter des Königs, dafür Sorge getragen hat, die Salier aus seiner Umgebung zu verdrängen. Man findet Herzog Otto hier wie dort: als Schenker an das Kloster Hornbach und als Stifter des Klosters Lambrecht bei Grevenhausen in der Pfalz, das 987 zu Ehren des hl. Lambert entstand. Doch in die gleiche Zeit datiert auch eine Lambertuskirche in Kärnten. Dort hatte Otto im Jahr 980 eine Reihe von Gütern vom König erhalten, und 983 wurden diese und andere an ein neugegründetes Klösterchen St. Lambert übertragen. Dies blieb eine Episode, denn das Kloster hat sich offenbar nicht behauptet: man sucht es im Bereich der späteren Pfarrkirche St. Lambert zu Pörtschach und sieht eine Verbindung zu dem berühmten Stift St. Lambrecht in der Steiermark, das im 11. Jahrhundert, ebenfalls durch Veranlassung der Kärntner Herzöge, entstand.

Wichtig sind indessen zwei Dinge: der salische Hausheilige St. Lambert (man erinnere sich an Kaiser Lambert, den Sohn Widos von Italien), der nun auch in Kärnten eingeführt wurde, und der Ort der vorgesehenen Gründung. Wir befinden uns hier auf altbesiedeltem Boden. Unterhalb des Magdalensberges mit seinen frühgeschichtlichen Befestigungen entstand die römische Stadt Virunum, und in ihrer Nähe, bei Karnburg, die bereits in karolingischer Zeit bestehende Königspfalz mit ihrer Kirche St. Maria »ad carantam«, Maria Saal. Unmittelbar dabei liegt der Ulrichsberg, der »heilige Berg Kärntens«, und dort findet sich auch der Herzogsstuhl, ein aus alten römischen Bauteilen und Säulenbasen zusammengefügter Thron, auf dem der Herzog von Kärnten saß, wenn er – in späterer Zeit – die Huldigung seiner Untertanen entgegennahm und Gericht hielt (Abb. 10). Hier war die Mitte, das »Regierungszentrum« Kärntens, und es scheint, daß hier auch der Herzog seine Pfalz hatte, der Otto durch ein eigenes Hauskloster ebenfalls auch ein geistliches Zentrum zu geben gedachte. Daß der spätere Papst Gregor V. – von ihm wird gleich die Rede sein – dort geboren wurde und in Maria Saal seine geistliche Ausbildung erfahren habe, ist eine nicht belegte Ortssage, doch sie spricht für die Tradition, die sich dort um die ältesten Salier gebildet hat. Ihr Kloster scheint indessen keinen Bestand gehabt zu haben. Kärnten ist nie für längere Zeit in der Hand einer einzelnen Herzogsfamilie geblieben, sondern war ein vom König an »auswärtige« Große seines Reichs verliehenes Amtsgebiet. Auch die Spuren der Salier verlieren sich wieder, nachdem auf Otto sein Sohn Konrad (1004–1011) gefolgt war.

Herzog Otto ist nicht in Kärnten geblieben. Vielmehr hat er dort zugunsten des Bayernherzogs Heinrich »des Zänkers« auf sein Amt verzichtet, der von 989 bis 995 an Ottos Stelle getreten ist. Es hat den Anschein, daß er dies auf Bitten der Kaiserin Theophanu getan hat, die damals, nach dem Tod ihres kaiserlichen Gemahls, für ihren minderjährigen Sohn die Regierungsgeschäfte führte. Der Bayernherzog, nächster Verwandter der ottonischen Königsfamilie – sein Vater Heinrich war der Bruder Ottos I. – hatte sich dagegen gewandt, daß ein Kind König sein sollte, dessen Volljährigkeit man abzuwarten habe, und es bedurfte aller Anstrengungen, ihn zufriedenzustellen. Mit dem »wiedervereinigten« Herzogtum Bayern-Kärnten ließ er sich besänftigen; sein Sohn, der spätere Kaiser Heinrich II., sollte dann seine Ansprüche wieder aufgreifen.

Herzog Otto hat daher viel getan, um Ruhe und Frieden im Reich zu erhalten. Mit seinem Rückzug aus Kärnten hat er der Kaiserin und ihrem Sohn Zeit gewonnen, die sie benötigten, um Otto III. den Thron zu erhalten. Seine Rückkehr nach Worms und in das »pfälzische« Land ließ dort die alten Probleme aufleben. Mehr noch: Otto mußte ja für seinen Verzicht entschädigt werden, und hier haben wir auch die Situation, die man in Worms und Weissenburg als »Kirchenraub« bezeichnete. Es besteht kein Zweifel, daß die Weissenburger Annalen das richtige Datum überliefern, wenn sie zum Jahr 985 berichten, der Herzog sei in das Kloster eingedrungen, habe es besetzt und seine Güter entfremdet. Es ist das Jahr, in dem er Kärnten verlassen hat. Die Kaiserin mag sein Vorgehen gegen Weissenburg nicht nur gebilligt haben; sie hat ihm vielmehr die Rechtsgrundlage dafür geschaffen, indem sie ihm die Reichsexekution gegen die Abtei Weissenburg auftrug, die sich damals in der Hand des mit Heinrich dem Zänker verbündeten Erzbischofs Giselher von Magdeburg befand. Dies war zugleich die Belohnung für Ottos Reichstreue. Die Weissenburger Mönche haben es natürlich anders verstanden, und aus ihrer Sicht ist uns das Faktum überliefert.

Doch die Sache hatte ein Nachspiel – und zwar in einer höchst bedeutungsvollen Situation. Denn im Jahr 1002 starb der junge Kaiser Otto III., und die Frage nach seiner Nachfolge rief die Verwandten des ottonischen Hauses auf den Plan. Otto von Worms gehörte zum engsten Kreis der Kandidaten und mit ihm Heinrich, der Sohn des inzwischen verstorbenen Heinrich des Zänkers, sowie Herzog Hermann II. von Schwaben. Thietmar von Merseburg berichtet, auch Heinrich habe den Wormser Herzog als den Würdigsten angesehen und habe seine Kandidatur unterstützt, doch

Otto habe auf sein Alter hingewiesen und habe sich seinerseits für Heinrich ausgesprochen. Nun war Otto damals in der Tat schon über 50 Jahre alt, und er hatte nur noch zwei Jahre zu leben, mag also 1002 ein kranker und verbrauchter Mann gewesen sein. Trotzdem hat man nicht den Eindruck, daß Otto mit Rücksicht auf sein Alter nachgegeben hat. Und auch die Eintracht mit dem künftigen König, der seine Wahl konsequent und geradezu brutal betrieben hat, ist eher eine literarische Fiktion Thietmars. Denn Heinrich II. war es, der den Abgang des Saliers aus seiner »Residenz« durchsetzte und der die Voraussetzung dafür schuf, daß Herzog Otto zugunsten des Wormser Bischofs das Feld räumte. Hermann II. übrigens, Herzog von Schwaben und Mitbewerber um den Thron, mußte sich bald dem neuen König unterwerfen. Er tat es in der Pfalz Bruchsal, die wenig später als Tauschobjekt für Worms an Herzog Otto übergeben wurde. Sollte auch Otto die Kandidatur des ihm verwandtschaftlich nahestehenden Schwabenherzogs unterstützt haben, und sollte König Heinrich sich hierfür und für alle vorausgegangenen Konflikte – auch diejenigen seines Vaters – mit dem Salier gerächt haben, indem er Otto aus Worms vertrieb? Die Frage muß offenbleiben: wir wissen nicht, welche Parteiungen die politischen Entscheidungen bewirkt haben. Doch das Bild Herzog Ottos, des »Kirchenräubers«, hat eine merkwürdige Umkehrung ins Gegenteil erfahren. Dreimal hat er zugunsten anderer auf Machtpositionen verzichtet, ohne sein Recht durchzufechten: seinen Anspruch auf die Führung im Reich, die Herzogswürde in Kärnten und auf sein Herrschaftszentrum in Worms. Daß ihn sein Enkel Konrad II. aufgreifen und zum Erfolg führen würde, konnte er nicht ahnen. Hat man sein Bild in Weissenburg und vielleicht auch in Worms verteufelt, so wird er anderswo als Wohltäter und Klosterstifter verehrt, so in Hornbach, in Fulda und vor allem in St. Lambrecht in der Pfalz.

Am 4. November 1004 ist Otto gestorben, zwei Jahre nach der Königswahl Heinrichs II., der Unterwerfung Hermanns von Schwaben, dem Verlust der Pfalz in Worms. Er wurde nicht in der Grablege seiner Familie im Wormser Dom beigesetzt, wo sein Vater, seine Gattin Judith und seine Söhne Konrad und Heinrich liegen. Wo er bestattet ist, weiß man nicht. Als sein Enkel Kaiser Konrad II. im Jahr 1034 eine Stiftung an das Bistum Worms für das Seelenheil seiner Vorfahren beurkundete, ließ er den Namen Ottos aus. Die Lebensbeschreibung Burchards von Worms deutet uns an, weshalb. Doch dies ist eine andere Geschichte.

Quellen

Vita Burchardi episcopi, hg. von H. Boos. Monumenta Wormatiensia (= Quellen zur Geschichte der Stadt Worms Teil III, Berlin 1893), S. 99–126.
Die Chronik des Bischofs Thietmar von Merseburg lib. VI, Prolog, ed. W. Trillmich (Darmstadt 1974), S. 242 f.
Liber Possessionum Wizenburgensis, hg. von Ch. Dette (Mainz 1987), S. 154. Hierzu vgl. A. Doll, Die possessiones Wizenburgenses und ihre Neuedition, in: Archiv für mittelrhein. Kirchengesch. 41 (1989), S. 437–463, und M. Gockel, Kritische Bemerkungen zu einer Neuausgabe des Liber possessionum Wizenburgensis, in: Hessisches Jahrb. für Landesgesch. 39 (1989), S. 353–380.

Literatur

H. Graf, War der Salier Graf Otto von Worms, Herzog von Kärnten, unter Ausnützung der Schwäche der Reichsregierung ein Raffer von Reichsland und ein Räuber von Klostergut? In: Blätter für pfälz. Kirchengesch. 28 (1961), S. 45–60.
H. Werle, Das Saliergut an Mittel- und Oberrhein (944–1125), in: Pfalzatlas, hg. von W. Alter, Textband 1 (Speyer 1964), Karte 51, S. 105–107.
K.-E. Klaar, Die Herrschaft der Eppensteiner in Kärnten (Klagenfurt 1966), S. 127–131.
E. Hlawitschka, Waren die Kaiser Wido und Lambert Nachkommen Karls des Großen? In: Quellen und Forsch. aus italien. Archiven und Bibliotheken 49 (1969), S. 366–386.
H. Schwarzmaier, Bruchsal und Brüssel. Zur geschichtlichen Entwicklung zweier mittelalterlicher Städte, in: Oberrhein. Studien III = Festschr. Günther Haselier (Karlsruhe 1975), S. 225 ff.
H. Keller, Schwäbische Herzöge als Thronbewerber: Hermann II. (1002), Rudolf von Rheinfelden (1077), Friedrich von Staufen (1125). In: Zeitschr. für die Geschichte des Oberrheins 131 (1983) = Festschr. Gerd Tellenbach, S. 133–145.
W. Glocker, Die Verwandten der Ottonen (wie S. 27), S. 220–225 und 293 f.
W. Hotz, Die Wormser Bauschule 1000–1250 (Darmstadt 1985), insbes. S. 20 ff. zur Wormser Sakraltopographie.

Der erste deutsche Papst: Gregor V. (996–999)

In den Grotten des Petersdoms ist, als einziger deutscher Kaiser, Otto II. begraben, der am 7. Dezember 983 unweit von Rom gestorben ist. Beigesetzt wurde er in einem altrömischen Marmorsarkophag, den man im Paradies von Alt-St. Peter aufstellte. Beim Bau des neuen Petersdomes wurde 1609 der Schrein geöffnet, die Gebeine des Kaisers, eines kleinen und zierlichen Mannes, darin gefunden. Der Marmorsarkophag dient heute als Taufbecken in der neuen Peterskirche, Ottos Gebeine aber wurden unter dem Neubau bestattet. Ganz nahe bei seinem heutigen Grab steht ein anderer Sarkophag eines Deutschen, der ebenfalls in Rom starb. Es war Ottos Vetter Bruno, der 996 zum Papst erhoben wurde und als Gregor V. zwei Jahre und acht Monate regierte. Auch er war ursprünglich an anderer Stelle begraben, in einer Papst Gregor dem Großen geweihten Kapelle bei Alt-St. Peter, und erhielt seinen heutigen Platz, als Papst Paul V., nach 1606, die Gräber seiner Vorgänger in den vatikanischen Grotten unterbringen ließ. Sein Steingrab, ein reichgeschmückter frühchristlicher Sarkophag, ist erhalten. Die Inschrift in lateinischen Hexametern soll Otto III. selbst verfaßt oder doch textlich bestimmt haben, als er seinen Verwandten bestatten ließ. Ferdinand Gregorovius, der Geschichtsschreiber der Stadt Rom im Mittelalter – sein Buch über die Grabmäler der Päpste, aus dem wir zitieren, stand lange Zeit auf dem Index der katholischen Kirche – hat eine deutsche Übersetzung des Textes gefertigt, die versucht, den Rhythmus, den Sinn und auch den Wortlaut der Verse zum Ausdruck zu bringen.

Hic quem claudit humus oculis vultuque decorum	*Den hier hüllet die Erde, von Antlitz schön und von Augen,*
Papa fuit quintus nomine Gregorius,	*War Gregorius einst Fünfter des Namens genannt:*
Ante tamen Bruno, Francorum regia proles,	*Bruno hieß er zuvor, vom fürstlichen Stamme der Franken,*
Filius Ottonis, de genitrice Judith,	*Welchen sich Otto erzeugt, Judith, die Mutter, gebar.*
Lingua Teutonicus, Vvangia doctus in urbe,	*Deutscher von Sprache, in Vangias Stadt in der Schule gebildet,*
Sed iuvenis cathedram sedit apostolicam	*Stieg er auf Petri Stuhl noch als Jüngling empor.*

Ad binos annos et menses circiter octo	*Zwei dort saß er der Jahre, dazu kaum acht noch der Monde,*
ter senos Februo connumerante dies.	*Als im Februar man dreimal sechse gezählt.*
Pauperibus dives per singula sabbata vestes	*Armen ein Reicher verteilt' er Gewänder an jeglichem Sabbat*
Divisit numero cautus apostolico.	*Sorgsam unter so viel zählten Apostel an Zahl.*
Usus Francisca, vulgari et voce Latina	*Fränkisch verstand er zu reden, lateinisch und lingua volgare,*
Instituit populos eloquio triplici.	*Dreifach also beredt hat er die Völker erbaut.*
Tertius Otto sibi Petri commisit ovile	*Ihm gab Otto der Dritte des Petrus Herde zu weiden,*
cognatis manibus unctus in imperium.	*Den die verschwisterte Hand selber zum Kaiser gesalbt.*
Exuit et postquam terrenae vincula carnis	*Aber sobald er zerbrochen die Fessel des irdischen Leibes,*
Aequivoci dextro substituit lateri.	*Hat Gleichlautendem ihn rechts er zur Seite gestellt.*
Discessit XII. kal. Mart.	*Er starb am 18. Februar.*

Auch die Übersetzung läßt erkennen, daß hier ein kunstvoll gedrechselter, mit Zahlenspielereien gespickter Text vorliegt, der indessen recht oberflächlich klingt. Denn was hier über den Papst gesagt ist, hätte sich über jeden beliebigen Abt oder Bischof auch sagen lassen: daß er an jedem Fasttag zwölf Arme bekleiden ließ, gehört zu den üblichen Frömmigkeitsriten, die den Unterschied zwischen Armut und Reichtum erst zum Ausdruck brachten, ein Topos übrigens, der mit dem Amt verbunden war, das der Papst bekleidete. Über seine Herkunft geben die ersten Zeilen erschöpfende Auskunft: Herzog Otto »von Worms«, seinen Vater, haben wir im vorhergehenden Kapitel kennengelernt. Bruno war demnach ein Urenkel Kaiser Ottos I.

Daß er in Worms erzogen wurde – das Gedicht verwendet dafür die gelehrtere Ortsangabe »Vvangia« –, lag nahe. Die dortige Bischofsschule war eine der Pflanzstätten der Gelehrsamkeit und zugleich eine der Diplomatenschulen im Rahmen der ottonischen Reichskirche. Die Zweisprachigkeit, also die Fähigkeit, sich in der fränkischen Muttersprache und lateinisch auszudrücken, gehört zu den Selbstverständlichkeiten dieser Erziehung. Auffallend ist die ausdrückliche Angabe, Gregor habe auch die lingua vulgaris gesprochen, also die aus dem Lateinischen abgeleitete, mit langobardischen und einigen fränkischen Brocken durchsetzte Umgangssprache des Volks, das Frühitalienische, dessen man sich auf der Halbinsel zu bedienen hatte.

Gregors Jugendlichkeit – auch schon in den Sätzen über seine äußerliche Schönheit angedeutet – wird nicht präzisiert, doch nimmt man an, daß Bruno 971 geboren wurde, also mit 25 Jahren den Stuhl Petri bestieg und mit 28 Jahren starb. Weder das eine noch das andere war ungewöhnlich, wenn man sich die vielfach sehr jungen Päpste der Ottonenzeit vor Augen hält und zugleich an die Kaiser Otto II. und Otto III. denkt, die gleichfalls in den Zwanzigerjahren ihres Lebens gestorben sind.

Der Schluß des Gedichts trägt ganz das Gepräge des jungen Kaisers, also Ottos III., von dem in eindeutigen Worten gesagt ist, daß er es war, der den Verwandten zum Papst machte, ehe ihn dieser seinerseits zum Kaiser krönte. Das Grab in der Nähe Gregors I. schließlich, der mit dem »Gleichnamigen« gemeint ist, deutet darauf hin, weshalb sich Bruno diesen Papstnamen zulegte, der an den großen Kirchenlehrer und Mönchspapst des 6. Jahrhunderts erinnerte.

So gedankenarm das Epitaph eigentlich ist, so umfassend ist die Information, die es enthält. Denn in der Tat weiß man über Brunos Jugend nicht mehr, als hier ausgesagt wird. Bruno war ein »Liudolfinger«, ein Angehöriger des ottonischen Hauses, und trug einen derjenigen Namen, die man den künftigen Geistlichen beilegte. Er erinnert an Erzbischof Bruno von Köln, den Bruder Ottos I. Heinrich freilich, der Bruder des Papstes, war der Vater des späteren Kaisers Konrad II., so daß Bruno-Gregor auch in unserer Saliergeschichte seinen Platz hat, auch wenn er nicht ahnen konnte, daß sein Neffe eine neue Königsdynastie begründen würde.

Als Geburtsort Brunos wird das steierische Städtchen Steinach angegeben, und in der Tat mag man vermuten, daß Herzog Otto von Kärnten, sein Vater, dort einen Herrschaftssitz besaß und daß sich die Tradition, Geburtsort eines Papstes zu sein, in Kärnten gehalten hat. Folgerichtig hatte der in Worms zum Geistlichen erzogene Bruno eine hohe geistliche Karriere zu erwarten. Doch nirgends findet man eine Aussage darüber, ob er es als eine Ehre empfand, auf den römischen Bischofsstuhl berufen zu werden. Dieser befand sich bis dahin fest in der Hand des stadtrömischen Adels, dem auch Gregors Vorgänger Johannes XV. angehört hatte. Als er im Frühjahr 996 starb, handelte der gerade 16jährige deutsche König Otto, der sich damals in Brescia und Pavia aufhielt, mit großer Schnelligkeit und Konsequenz. Nicht völlig geklärt ist, weshalb der Führer der mächtigsten römischen Adelsfraktion der Crescentier den Versuch unterließ, wie üblich einen eigenen Papst, einen neuen Johannes, zu kreieren, weshalb er vielmehr den deutschen Herrscher dazu aufforderte, einen Kandidaten zu benennen. Fürchtete er dessen militärische Macht, oder glaubte er, mit dem Jüngling schon fertig zu werden, sobald sich dieser in den innerstädtischen Parteikämpfen zerrieben haben würde?

Otto jedenfalls handelte anders, als es die Römer von ihm erwartet hatten, wenn auch durchaus im Sinne einer Bistumsbesetzung, wie er sie im Reich zu praktizieren pflegte. Offenbar ist Bruno in diesen Tagen als Mitglied der Hofkapelle in der Umgebung des Königs gewesen und hat sich widerspruchslos seinem Willen gefügt,

Papst zu werden. Ende April 996 brach er in Begleitung Erzbischof Willigis' von Mainz und des Kanzlers und Bischofs Hildebald von Worms nach Rom auf, wo er, Anfang Mai, mit großen Ehren empfangen wurde, vom römischen Klerus und Volk in einstimmiger Wahl zum Papst gewählt und unter dem Namen Gregor V. ordiniert wurde. Noch im gleichen Monat, wohl schon wenige Tage später, traf auch Otto III. in Rom ein und wurde am 21. Mai von seinem Papst zum Kaiser gekrönt.

Soweit klingt dies alles geradezu harmonisch, und die Quellen geben sich den Anschein, als ob man in Rom nur auf den Kandidaten des deutschen Königs, einen fränkischen Kleriker, gewartet habe, um ihn bejubeln zu können. Um eine Wahl hat es sich nicht gehandelt, sondern um eine Akklamation im Anschluß an einen als bindend empfundenen Vorschlag durch den König. Und doch war etwas geradezu Revolutionäres geschehen. Hatten die beiden ersten Ottonen ihre Kaiserkrönung aus der Hand keineswegs integerer römischer Adelspäpste empfangen, so brachte Otto III. erstmals einen Mann aus dem Gebiet nördlich der Alpen, einen Nichtrömer jedenfalls, als seinen Papst mit und überließ es den Römern, sich mit ihrem neuen Bischof zu arrangieren. Doch umgekehrt wußte er auch, was er seinem Vetter in Rom zumutete, kannte wohl auch dessen Härte und Entschlossenheit, um ihm diese Aufgabe anvertrauen zu können. Denn Rom war eine chaotische Stadt, wenn man diese Bezeichnung für die dortige Siedlung überhaupt anwenden will, jedenfalls nicht mehr die goldene Stadt der Antike, die Millionen von Menschen zählende Hauptstadt der Welt. In den Trümmern der antiken Stadt hauste eine Bevölkerung undefinierbarer Größe um eine Reihe mächtiger Adelsclans, deren Burgen in den Ruinen der kaiserzeitlichen Großbauten lagen: in der Engelsburg, dem Colosseum, dem Marcellustheater, auf dem Palatin und Quirinal. Der deutsche Kaiser residierte im Lateranspalast, den Otto III. neu erbauen ließ, doch bis dahin hatte sich keiner länger in Rom aufgehalten, als es ihm unbedingt erforderlich schien, und vor dem römischen Sommer flüchtete man in die Berge oder in den Norden. Und die nach Rom reisenden Pilger aus aller Welt hatten Mühe, sich in dem Gewirr schmutziger Elendsviertel zurechtzufinden und sich den Weg zu den berühmtesten Stätten der Christenheit zu bahnen, von deren Besuch man sich ewiges Heil versprach. Das goldene Rom war eine Idee, aber die Realität sah anders aus (Abb. 56).

Die Päpste waren in die permanenten Auseinandersetzungen des römischen Adels, dem sie selbst angehörten, einbezogen und hatten Teil an den Untaten der Bandenführer. Noch 984 war Johannes XIV. von seinem päpstlichen Gegner Bonifatius VII. in der Engelsburg eingesperrt und dem Hungertod preisgegeben worden, wo zuvor auch Benedikt VII. ein gewaltsames Ende gefunden hatte. Der deutsche Papst muß gewußt haben, auf was er sich einließ. So ist es kein Zufall, daß seine erste Regierungshandlung dem Führer der Römer, Crescentius II. Nomentanus, galt, für den er sich bei Kaiser Otto einsetzte, damit ihn dieser, am Tage nach seiner Krönung, begnadigte. Denn Gregor mußte sich in Rom behaupten und war dabei auf sich gestellt, sobald der Kaiser mit seinem Heer die Stadt verlassen hatte. Auch so muß man die Worte des Epitaphs verstehen, Gregor habe die Volkssprache beherrscht, also mit den Einheimischen nicht in der Kirchen- und Gelehrtensprache, sondern in der Umgangssprache zu reden vermocht.

Über Gregors Regierung als Papst gibt es vielerlei Wertungen. Ein Werkzeug in der Hand seines Kaisers war er offenbar nicht, doch ohne dessen Schutz und seine militärische Hilfe war er machtlos. Die Vermutung, unter einem deutschen Papst würde nun eine Überfülle von Privilegien für deutsche Empfänger einsetzen, trügt: Eine Urkunde für das Stift Vilich bei Köln und eine weitere für Petershausen bei Konstanz fallen in seinen ersten Regierungsmonat. Doch dann treten die deutschen Dinge ganz in den Hintergrund. Denn schon im Oktober 996 waren die Römer seiner überdrüssig. Er mußte Rom verlassen und versuchte von Spoleto aus mit Waffengewalt, jedoch vergeblich, die von Creszentius verteidigte Stadt zurückzugewinnen. Und nun geschah das, was man längst erwartet hatte: Auf Betreiben des Creszentiers wurde unter dem Namen Johannes XVI. ein neuer Papst erhoben, dem Gregor auf einer Synode zu Pavia zunächst nur mit dem Mittel der Exkommunikation entgegentreten konnte.

Erst ein Jahr später, im Dezember 997, trifft er in Pavia mit dem Kaiser zusammen, und dieser zieht im Februar 998 mit Gregor zusammen nach Rom, das sich ihm öffnet. Das Strafgericht trifft die Gegner des Papstes. Johannes XVI., der aus Rom geflohen war, wird gefangengenommen, verstümmelt und in einem römischen Kloster eingekerkert; in einer Spottprozession wird er durch Rom geführt. Im April 998 wird Creszentius hingerichtet, der Gegenpapst offiziell abgesetzt. Mit gleicher Grausamkeit, ja Brutalität geht Gregor auch gegen andere Gegner vor, und als er im Februar 999, ein Jahr nach seiner Rückkehr, stirbt, sind die Nachrufe, die dem Papst gewidmet werden, nicht freundlich – und natürlich redet man auch davon, er sei vergiftet worden, was zumindest nicht auszuschließen ist.

In der Tat hat man lange den knapp dreijährigen Pontifikat des deutschen Papstes im Zeichen seines harten Kampfes gegen die römische Opposition gesehen, der er mit ihren eigenen Waffen, mit Krieg, Gewalt, List und Grausamkeit begegnet ist. Es scheint, daß er keine andere Möglichkeit gesehen hat, sich in seiner Bischofsstadt zu behaupten. Doch wäre dieses Bild einseitig, wollte man nur auf den politischen Kampf um die Erhaltung der Macht blicken. Denn Gregor leitete ein neues Kapitel in der Geschichte des Papsttums ein, das über Silvester II. (Ottos Freund Gerbert von Aurillac), über die Reformpäpste bis zu Gregor VII. weiterführen sollte. Die Themen des 11. Jahrhunderts deuten sich bereits an, und wer die Briefe und Urkunden Gregors studiert, entdeckt bei ihm einen kirchlichen Reformeifer von bisher unbekannter Dynamik. Abbo von Fleury ist sein erster Gesprächs- und langjähriger Korrespondenzpartner; die Klöster St. Martin in Tours, S. Pietro in Ciel d'Oro in Pavia, Subiaco und Farfa erfahren sein reformerisches Interesse, und seit

998 findet Cluny unter Abt Odilo die Unterstützung des Papstes, der, wie es scheint, seinen geistlichen Auftrag ernst genommen hat, auch wenn dies von den meisten seiner Gegner nicht verstanden wurde. Der als Heiliger angesehene Einsiedler und Abt Nilus freilich, der sich für eine milde Behandlung von Gregors Gegnern einsetzte, war tief enttäuscht über sein und des Kaisers unbarmherziges Durchgreifen und bezeichnete Gregor als Tyrannen. Sein jähes Ende, das man als Strafe Gottes ansah, fügte sich in dieses negative Bild ein, das sich auch in Deutschland durchgesetzt haben mag. Otto III. schließlich, der ihn offenbar geliebt und geschätzt hat, ist ihm schon nach drei Jahren im Tod gefolgt und hat dem Freund kein Denkmal gesetzt, falls man nicht unser Epitaph als solches ansehen will.

Selbst unter Gregors Verwandten, den Ottonen und Saliern, hatte man keine Veranlassung, sich des Papstes zu rühmen, mit dem man nahe verwandt war. Es ist zwar keine »damnatio memoriae«, kein Totschweigen seines Andenkens, dem Gregor verfallen ist, doch bis in unsere Tage ist ihm keine seine Regierungszeit als Papst würdigende Monographie gewidmet worden. Diese wird sich erst vor dem Hintergrund des Reformpapsttums und der kirchlichen Erneuerungsbewegung des 11. Jahrhunderts schreiben lassen, die er eingeleitet hat.

Quellen

Regesta Imperii Band II,5: Papstregesten 911–1024, hg. von H. ZIMMERMANN (Graz–Wien–Köln 1968), S. 296–342.

Literatur

F. GREGOROVIUS, Die Grabdenkmäler der Päpste (Leipzig 1881, Neuausg. Dresden o. J.), hier S. 36–39.

A. OTTO, Papst Gregor V. (Münster 1881).

M. UHLIRZ, Die Kaiserkrönung Ottos III., in: Festschrift für E. E. Stengel (Köln 1952), S. 263–271.

M. UHLIRZ, Jahrbücher des deutschen Reiches unter Otto III. (Berlin 1954), S. 58ff., 199–206, 231–235, 258–263, 293f.

Teta E. MOEHS, Gregorius V. 996–999. A biographical Study (Stuttgart 1972), Epitaph S. 84f.

M. BORGOLTE, Petrusnachfolge und Kaiserimitation. Die Grablegen der Päpste, ihre Genese und Traditionsbildung (Göttingen 1989), S. 134f. und Abb. 7.

Die beiden Konrade
Zwei Vettern als Thronbewerber im Jahr 1024

Der Tod Kaiser Heinrichs II., der am 13. Juli 1024 in der Pfalz Grona starb, ohne Erben zu hinterlassen, stürzte das Reich in Unruhe und Rechtsunsicherheit, wie stets, wenn Unklarheit darüber herrschte, wie es weitergehen würde. Vor allem in Italien kam es sogleich zu offenem Aufruhr, und aus Pavia wird berichtet, die Bürger hätten auf diese Nachricht hin die innerhalb der Stadtmauern befindliche Königspfalz zerstört, die sie nicht länger dulden wollten. Wenn wir für die folgenden Ereignisse dem Biographen Konrads II., seinem Kaplan Wipo, folgen, der mit großer Ausführlichkeit über die Königswahl berichtet, so müssen wir berücksichtigen, daß er seinen Helden von vornherein als den Sieger im Kandidatenspektrum ansah und daß er gewiß davon überzeugt war, kein anderer sei in Wirklichkeit ernsthaft für die Königswürde in Frage gekommen. Seine Darstellung, die er im übrigen kräftig mit Zitaten römischer Autoren, vor allem aus Horaz und Sallust, würzte, läßt somit eine Dramaturgie erkennen, die in deutlicher Steigerung auf die allein mögliche Apotheose des Saliers Konrad hinführte, der – nach Wipo – alle Eigenschaften besaß, die ein künftiger Herrscher mitzubringen hatte: Klugheit, Tüchtigkeit, Rednergabe, Milde, Demut und Freigiebigkeit.

Indessen macht Wipo die Sache spannend. Zunächst habe man viele Namen genannt; manche hielten sich selbst für geeignet – und kamen daher von vornherein nicht in Frage –, manche seien wegen ihrer Jugend, ihres Alters, ihrer mangelnden Erfahrung ausgeschlossen worden, so daß schließlich nur zwei Kandidaten übriggeblieben seien, als man zur Königswahl »auf einem weiten, ebenen Gelände zwischen Mainz und Worms« zusammengekommen sei. Ort und Tag nennt Wipo nicht, vielleicht weil er darüber nicht informiert war, doch fand der Vorgang am 4. September, also knapp zwei Monate nach dem Tod Heinrichs, in Kamba statt, gegenüber von Oppenheim auf der rechten Rheinseite, also in der Tat auf halbem Weg zwischen Worms und Mainz. Unter den Wählern erwähnt Wipo insbesondere die Geistlichen unter Führung des Erzbischofs Aribo von Mainz. Von den rheinischen Bischöfen fehlte offenbar keiner, falls man nicht registrieren will, daß Burchard von Worms nicht genannt wird, der ein knappes Jahr nach dem Tag von Kamba starb. Doch ist für Wipo klar, daß es die Geistlichen waren, die das Reich durch diese Krise führten und seinen Fortgang gewährleisteten, weniger die weltlichen Fürsten, deren Ehrgeiz darauf gerichtet gewesen sei, sich wenigstens den zweiten Platz hinter dem König zu sichern, wenn es schon nicht der erste sein sollte. Die folgende Passage ist im Wortlaut wiedergegeben; inzwischen war die Wahl in ihr entscheidendes Stadium getreten:

Es handelte sich um zwei Männer mit Namen Konrad (Chuono, wörtlich »zwei Kunos«), deren einen man wegen seines höheren Alters den älteren Konrad nannte, der andere hieß Konrad der Jüngere. Beide waren hochadelige Herren aus dem deutschsprachigen Franken, Söhne zweier Brüder, von denen einer den Namen Heinrich (Hezzil), der andere den Namen Konrad (Chuno) trug. Die waren nach meiner Kenntnis ebenso Söhne Herzog Ottos von Franken wie zwei andere, Bruno und Wilhelm, von denen Bruno als Papst auf dem Apostelstuhle der Römischen Kirche mit neuem Namen Gregor hieß; Wilhelm hat als Bischof die Straßburger Kirche gewaltig erhöht. Nun waren aber die beiden Konrade nicht nur von Vaters Seite her von so hohem Adel, wie ich geschildert habe; nicht weniger erlaucht war das Geschlecht ihrer Mütter. Konrads des Jüngeren Mutter Mathilde stammte von einer Tochter König Konrads von Burgund ab. Des älteren Konrads Mutter Adelheid entstammte einem sehr vornehmen Geschlecht Oberlothringens. Diese Adelheid war eine Schwester der Grafen Gerhard und Adalbert, die ständig mit Königen und Herzögen stritten und schließlich selbst in der Angelegenheit ihres Verwandten, des Königs Konrad, nur schwer Ruhe gaben. Ihre Ahnen sollen dem alten Hause der Könige von Troja entstammen, die unter dem hl. Bekenner Remigius ihren Nacken unter das Joch des Glaubens beugten.

Zwischen diesen beiden, dem älteren und dem jüngeren Konrad, konnte sich der übrige Adel lange nicht entscheiden.

Während bis zu diesem Punkt noch alles offen scheint, verläuft die weitere Handlung nach Maß. Die beiden Konrade sprechen miteinander in Liebe und Eintracht und geloben einander gegenseitig, sich einer Mehrheitsentscheidung zu fügen. Ähnlich, wie wir dies in der Burchardsvita gesehen hatten, wo Otto von Kärnten mit verständigen Reden – in hochstilisierter Form – seine Bereitschaft bekundete, dem neugewählten König gegenüber auch in der »Wormsfrage« nachzugeben, sprechen jetzt die beiden Konrade zueinander. Auch hier merkt man schon, wie es ausgehen würde und daß der Jüngere seinen Verzicht auf die Krone bereits vollzogen hatte. Bei der durch Aribo von Mainz eingeleiteten Wahl ist denn auch Einmütigkeit erkennbar, obwohl bei Wipo die Möglichkeit anklingt, die Lothringer hätten sich für den jüngeren Konrad stark gemacht. Indessen verläuft alles ohne Mißklang. Der ältere Konrad verhält sich als gewählter König musterhaft, nimmt seine Würde in Demut an, aber auch mit dem Selbstbewußtsein dessen, der mit seiner Wahl gerechnet hat, und der Unterlegene empfängt den Bruderkuß und den Ehrenplatz neben dem Thron des neuen Herrschers. So muß eine Wahl sein, und so ist sie nach Wipos Bericht auch verlaufen, denn nicht anders kann es zugehen, wenn Gott selbst die Gedanken der zur Wahl versammelten Fürsten und Geistlichen lenkt. Die Einhelligkeit der Wahl entspricht dem Willen Gottes, und der Gewählte wird dann durch seine allmächtige Gnade das Reich regieren: Dei gratia rex.

Der Bericht Wipos verdeckt also ein Stück jener Wirklichkeit, die jedoch auch bei ihm aufscheint, wenn er die weltlichen Fürsten mit ihrem Ehrgeiz bei der Kandidatensuche beschreibt. Denn diese begann natürlich nicht in Kamba, sondern sie setzte sogleich nach dem Tode Heinrichs II. in aller Heftigkeit ein. Zwei Monate lang hatte man Zeit, nach dem richtigen Mann zu suchen, der alle Eigenschaften besaß, die man vom künftigen König erwartete: das richtige Alter, das Charisma des tüchtigen, erfolgreichen und frommen Mannes, vor allem aber den Adel der Abkunft, der am ehesten in der nahen Verwandtschaft zum ottonischen Hause gegeben war, das mit Heinrich im Mannesstamm ausgestorben war. Von daher gibt Wipo die Argumente richtig wieder, wenn er alle vorausgegangenen Erwägungen kurzerhand mit der Bemerkung abtut, nur zwischen den beiden Saliern habe man sich letztendlich zu entscheiden gehabt. Die Genealogie, die Wipo nachreicht, ist uns bereits bekannt: Wipo läßt sie im Mannesstamm mit Herzog Otto von Worms beginnen.

Seltsamerweise verschweigt er, daß Otto über seine Mutter ein Enkel Kaiser Ottos I. war; vielleicht setzt er voraus, daß dies ohnehin jeder wußte und daß der Name Ottos, des Großvaters der beiden Konrade, die Abkunft aus dem Königshaus der »Ottonen« implizierte. Statt dessen verweist er auf die hohe Abkunft der Mütter beider Kandidaten, des jüngeren Konrad aus dem burgundischen Königshaus. Beim älteren geht er noch weiter, führt ihn über seine Mutter Adelheid auf den Frankenkönig Chlodwig zurück und gewinnt damit Anschluß an die Trojanersage der Franken: sozusagen das non plus ultra altadeliger Herleitung. In dieser Hinsicht fehlte es also den beiden Konraden an nichts.

Nun ist es schwer denkbar, daß die ganze Saliersippschaft völlig unvorbereitet zur Wahlversammlung gekommen ist, obwohl man im nahegelegenen Bruchsal, in der Umgebung von Worms und Speyer oder wo immer ihre Besitzungen lagen, lange genug Zeit gehabt hatte, sich untereinander zu einigen. Anders als es Wipo beschreibt, möchte man annehmen, daß es eine interfamiliäre Absprache schon vorher gegeben hatte, ehe man sich der Wahlversammlung stellte, so, wie sich auch die Staufer vor den Wahlen von 1138 und 1152 auf ihren Kandidaten geeinigt haben, den sie ins Feld schicken wollten.

Im Hinblick auf die Salier hat man dies anders gesehen, und daran ist die Vita Bischof Burchards von Worms schuld. In dem Kapitel über den »Kirchenräuber« Otto waren wir auf die Stelle gestoßen, die das Ende der Salier in Worms beschrieb. Und dann war die Rede von jenem Jüngling, der sich so ganz anders verhielt als die gewalttätigen Salier: er sei friedfertig und demütig, also den Wünschen der Wormser Kirche zugeneigt gewesen, so daß er von seinen Verwandten verstoßen, aus dem Familienbereich »ausgespuckt« worden sei. Bischof Burchard habe ihn erzogen und habe ihn wie seinen eigenen Sohn geliebt. Und dieses Kind sei später König geworden: es ist Konrad II.

Eine weitere Beobachtung kommt hinzu. In etwas verschlüsselter Form findet man bei Wipo die Andeutung, der jüngere Konrad sei seines Reichtums und seiner

Macht wegen als im Vorteil befindlich angesehen worden, während Konrad der Ältere »vom Reiche wenig Lehen und Amtsgewalt besaß«. Diesen Nachteil, das Fehlen von Reichslehen, die der jüngere Konrad offenbar in starkem Maße besaß, interpretiert Wipo dann zugunsten seines Helden theologisch um: Gott habe nicht gewollt, daß er auf Erden (als Lehensmann) Dienst tue, da er ihn zum Kaiser über alle bestimmt habe. Aus der Armut wird eine Tugend: sie macht das Erwähltsein des künftigen Herrschers evident. Daraus freilich, so schloß man, gehe eindeutig hervor, daß Konrad der Ältere weniger reich gewesen sei als seine Verwandten und vor allem als sein Vetter. Es bestätige sich also, was die Burchardsvita schreibt, daß Konrad von seiner Familie verstoßen gewesen sei. Und um dieses Bild abzurunden, verwies man auf die Schenkungsurkunde König Konrads an die Wormser Bischofskirche vom 30. Januar 1034, in der er bestimmte, daß für seine in der Wormser Domkirche bestatteten Angehörigen täglich eine Messe gelesen werde. Und dann werden seine verstorbenen Vorfahren alle aufgeführt; sein Urgroßvater Herzog Konrad (der Rote), seine Großmutter Judith, sein Vater Heinrich, sein Onkel Konrad und dessen Gemahlin Mathildis sowie seine Schwester Judith – sie alle sind in der Tat im Wormser Dom beim Hl. Kreuz-Altar bestattet. Doch einer, so stellte man fest, fehle in dieser Stiftung zum Seelenheil der königlichen Ahnen: Konrads Großvater Otto (von Worms). Er sei es wohl gewesen, der die Zurücksetzung des jungen Konrad, seine Ausstoßung aus dem Familienverband und seine Enterbung verursacht habe. Konrad als Zögling Bischof Burchards habe den Gegensatz zu seiner Familie lange nicht verkraftet, und noch in der Urkunde von 1034 wirke er nach: die späte Rache des zurückgesetzten Saliers. Dies freilich würde nicht nur das Bild Konrads II. zu dem eines kleinlichen Menschen verzerren, sondern ließe auch die Vorgeschichte der Wahl von Kamba in anderem Lichte erscheinen – ganz anders jedenfalls, als es Wipo beschreibt, der den älteren Konrad, noch vor der Entscheidung, zu seinem Vetter sagen läßt: Sie seien ja beide die »Sprossen eines einzigen Geschlechtes, eines Hauses, einer unlösbaren Familie«. Niemand komme auf den Gedanken, Männer, die so vielfältig verbunden seien, könnten sich verfeinden: die Verwandtschaft schaffe Freundschaft. Und dann: Gleich, welcher aus der Sippe König werde, auf jeden Fall erhöhe er durch sein Königtum das Ansehen der ganzen Sippe, auf die ein Abglanz seiner Würde falle. Hier geht es Konrad um die Einigkeit des Königshauses, und er wirbt zugleich um die Mitwirkung aller an der Herrschaft des Königs: für nachtragende Rachsucht ist dabei kein Platz.

Eine Interpretation aller dieser Quellenstellen macht die Frage nach der Jugend Konrads zum Problem. Wie immer im Mittelalter weiß man darüber wenig: erst der erwachsene Mann tritt in den Quellen handelnd in Erscheinung. Konrad ist, so vermutet man, um 990 geboren, als Worms noch »salisch« war. Man weiß weder, wann sein Vater Heinrich gestorben ist, noch, wann seine Mutter Adelheid zum zweiten Mal geheiratet hat. Sie ehelichte einen fränkischen Adeligen und liegt in der

Stiftskirche in Öhringen begraben, die ihr Sohn aus zweiter Ehe, Bischof Gebhard von Regensburg, errichten ließ. Nach dem Tod des Vaters, wohl noch vor dem Jahr 1000, stand der junge Konrad unter der Vormundschaft des Großvaters und dürfte an seinem Hof in Worms gelebt haben. Im Jahr 1000 wurde Burchard in Worms zum Bischof geweiht, 1004 starb Herzog Otto. An die Spitze des Hauses trat nun Herzog Konrad von Kärnten († 1011), Ottos jüngerer Sohn, und er dürfte auch die Hausbesitzungen in Händen gehabt und an seinen gleichnamigen Sohn vererbt haben. Von daher gesehen, war der ältere Konrad zwar benachteiligt, doch auf eine durchaus dem Erbrecht entsprechende und legale Weise.

Wenn die Berechnung seines Geburtsjahres stimmt, so stand Konrad etwa in den Jahren 1004–1006 unter der Vormundschaft Bischof Brunos, also seit dem Tode des Großvaters und bis zur eigenen Mündigkeit. Lange kann dies nicht gewesen sein, und in der Tat hat Konrad keine ausgesprochene geistliche Erziehung erfahren: er blieb ungelehrt und – aus dem Blickwinkel geistlicher Schulbildung – ungebildet. Hingegen besaß er offensichtlich die körperliche Schulung des künftigen Fürsten: im Jahr 1017 nahm er an einer adeligen Fehde teil und wurde im Kampf verwundet, und zwei Jahre danach, 1019, hat er seinem Vetter im Streit gegen den Kärntner Herzog, Adalbero von Eppenstein, tatkräftig beigestanden. In diesem Zusammenhang erfährt man erstmals von seinem Vetter, dem jüngeren Konrad, den der Chronist Hermann von der Reichenau einen »adulescens«, einen Jüngling, nennt. Man mag daraus schließen, daß er etwa 1005 geboren ist. Als sein Vater starb, konnte er die Nachfolge als Herzog von Kärnten nicht übernehmen, die man in diesem für das Reich wichtigen Grenzgebiet, mit umfassenden militärischen Führungsaufgaben, keinem Kind anvertrauen konnte. So ist der jüngere Konrad erst 1036, nach der Absetzung Adalberos, doch noch Herzog von Kärnten, also Nachfolger seines Vaters geworden und blieb es bis zu seinem Tode.

Doch noch eine weitere Nachricht widerspricht der Vorstellung des zurückgesetzten und armen Konrad d. Ä. Denn im Jahr 1016 – darauf wird im nächsten Kapitel zurückzukommen sein – heiratete er eine der vornehmsten und reichsten Damen: Gisela, die Tochter Herzog Hermanns II. von Schwaben. Durch ihre Mutter war sie ein Abkömmling des burgundischen Königshauses und Nachkommin Karls des Großen, und ihren Vater hatten wir bereits als einen der Thronkandidaten von 1002 kennengelernt. Schon ihren beiden ersten Ehemännern hatte Gisela Machtzuwachs gebracht, und auch ihre dritte Ehe mit Konrad galt einem »kommenden Mann«, dem sie hohe Macht- und Herrschaftsansprüche in die Ehe einbrachte. Da man schon damals ahnte, daß Kaiser Heinrich II. erbenlos bleiben würde (er war seit 16 Jahren vermählt, ohne Kinder zu haben), durfte man entsprechende Spekulationen an diese Ehe knüpfen, die Konrad an die ebenso vornehme wie ehrgeizige Gisela band. So gewinnt man eher den Eindruck, Konrad d. Ä. sei von vornherein der Kandidat seiner Familie für das Königsamt gewesen und die interfamiliären Absprachen seien längst entschieden gewesen, als man sich zur Wahl stellte. Konrad der Jüngere, damals etwa 20 Jahre alt, mag allenfalls als »Ersatzkandidat« der Salier dabeigewesen sein, falls wider Erwarten die Gunst der Wähler dem Älteren den Erfolg versagen sollte. Dann freilich wäre das geschehen, was Konrad in jener Rede ausdrückt, die ihm Wipo in den Mund legt: er hätte die Wahl des Jüngeren eher hingenommen als diejenige eines anderen, der dem salischen Hause nicht angehörte.

Natürlich bedeutet Verwandtschaft nicht von vornherein Eintracht und Harmonie, und es ist sicher, daß man im Vorfeld der Wahl die Bedingungen ausgehandelt hat, die dem Jüngeren den Verzicht leichter machen sollten. Aber es besteht auch kein Grund, aus heutiger Sicht einen Dissens in das so kompakte Familiengefüge der Salier um die Jahrtausendwende hineinzutragen. Daß Herzog Otto in der Familienstiftung Konrads von 1034 in Worms fehlt, findet eine einfache Erklärung: Otto war nicht in Worms bestattet, so daß man seiner dort auch nicht zu gedenken brauchte. Alle anderen Salier, die in Worms liegen, läßt der König in das dortige Gebetsgedächtnis einschließen, auch seinen Onkel Konrad von Kärnten, der doch den Anlaß für seine »Zurücksetzung« gegeben haben mußte. Konrads Mutter hingegen fehlt ebenfalls in der Stiftung: sie lebte 1034 noch und wurde in der Öhringer Stiftskirche bestattet. Das Grab Herzog Ottos kennen wir nicht: vielleicht darf man es in St. Lambrecht in der Pfalz vermuten.

Die Geschichte von den beiden Konraden endet hier in Harmonie: es ist nicht immer dabei geblieben. Am Aufstand Herzog Ernsts gegen seinen Stiefvater, von dem noch die Rede sein wird, soll auch der jüngere Konrad beteiligt gewesen sein, dessen weitere Schicksale jedoch über lange Zeit im dunkeln bleiben. Doch wie es der Zufall will: beide Konrade sind 1039 gestorben, der jüngere offenbar söhnelos. Sein Grab sucht man am ehesten in Kärnten.

Quelle

Wipo, Gesta Chuonradi II. imperatoris, bearb. von W. TRILLMILCH, hier zitiert nach der zweisprachigen Ausgabe (Darmstadt ⁵1978), S. 507 ff.; im selben Band »Quellen des 9. und 11. Jahrhunderts zur Geschichte der hamburgischen Kirche und des Reiches« auch das von R. BUCHNER bearb. Chronicon Hermanns von Reichenau.

Literatur

H. BRESSLAU, Jahrbücher des deutschen Reichs unter Konrad II. Bd. 1 (Leipzig 1879).

T. SCHMIDT, Kaiser Konrads II. Jugend und Familie. In: Geschichtsschreibung und geistiges Leben im Mittelalter. Festschrift für H. Löwe (Köln 1978), S. 312–324.

K. SCHMID, Die Sorge der Salier um ihre Memoria. Zeugnisse, Erwägungen und Fragen. In: Memoria. Der geschichtliche Zeugniswert des liturgischen Gedenkens im Mittelalter (= Münstersche Mittelalter-Schriften 48, München 1984), S. 666–726.

E. HLAWITSCHKA, Die Thronkandidaturen von 1002 und 1024. Gründeten sie im Verwandtenanspruch oder in Vorstellungen von freier Wahl? In: Reich und Kirche vor dem Investiturstreit, hg. von K. SCHMID (Sigmaringen 1985), S. 49–64.

Probleme um die Kaiserin Gisela

Die Überschrift dieses Abschnittes ist zugleich der Titel eines Buches von Erich Brandenburg aus dem Jahr 1928. Brandenburg, Professor in Leipzig, war insbesondere durch ein Werk über die Reichsgründung Bismarcks bekannt geworden, aber sein großer Beitrag zur mittelalterlichen Geschichte besteht in einer genealogischen Arbeit über die »Nachkommen Karls des Großen«, einem ungemein materialreichen Tafelwerk zur Geschichte der fürstlichen Familien im Hochmittelalter. Auch die Kaiserin Gisela kommt darin in der 9. Generation nach Karl dem Großen vor. Die Probleme, die Brandenburg zu erörtern hatte, sind also genealogischer Natur, und er hat sie wie ein Rechenexempel zu lösen versucht. Die Frage freilich, die sich ihm stellte, war neu, und dies hängt mit einem Quellenfund zusammen, der die Forschung vor schwere Rätsel stellen sollte. Dabei schien bis dahin alles ganz einfach zu sein. Wipo, der Kaplan Konrads II., hatte kurz vor der Mitte des 11. Jahrhunderts seine Lebensbeschreibung des Kaisers abgeschlossen, und gleich eines der ersten Kapitel widmet er der Gemahlin des Kaisers. Im Anschluß an die Darstellung vom Leben am Hofe berichtet er: *Doch sie alle übertraf an klugem Rate des Königs geliebte Gemahlin Gisela. Ihr Vater war Herzog Hermann von Schwaben, ihre Mutter Gerberga, eine Tochter des Königs Konrad von Burgund, dessen Ahnen aus dem Geschlechte Karls des Großen hervorgegangen waren. Darüber hat einer der Unsren in einem Büchlein ›Tetralog‹, das er später König Heinrich III. am Geburtsfeste des Herrn in der Stadt Straßburg überreichte, unter anderem die folgenden beiden Verse geschrieben: ›Zählst du seit Karl dem Großen 14 Geschlechter zusammen, triffst auf die kluge Frau Gisela du, seinem Blute entsprossen.‹ Trotz ihres hohen Adels und ihrer erlesenen Schönheit war sie frei von jeder Überheblichkeit. Ehrfürchtig diente sie Gott, stetig, und zwar so unauffällig wie möglich, blieb sie in Gebet und Almosengeben nach dem Worte des Evangeliums: ›Zeigt eure Gerechtigkeit nicht vor den Menschen!‹ Sie war sehr freigebig und von großer Gewandtheit, strebte nach Ehren statt nach eitlem Lob, hielt auf Zucht, widmete sich weiblichem Tun, verschwendete nichts unnütz, spendete für wertvolle und förderliche Dinge sehr freigebig, besaß reiche Eigentümer und wußte die hohe Würde ihres Amtes recht zu tragen. Mißgunst gewisser Leute, die ja oft wie Rauch von unten die Höhe umwölkt, verzögerte ihre Weihe um einige Tage. Es steht übrigens auch heute noch nicht fest, ob sie diese Anfeindung berechtigt oder unberechtigt traf. Doch der tüchtige Mann setzte sich mit seiner Frau durch, mit Einwilligung und auf Verlangen der Fürsten empfing sie die Weihe und stand dem Könige als unentbehrliche Gefährtin zur Seite.*

Wie jede mittelalterliche Quelle hat auch diese ihre Tücken. Mit dem »Tetralog«, einem Heinrich III. gewidmeten und in Straßburg 1041 überreichten Gedicht, spielt Wipo auf ein eigenes Werk an, ein teilweise in Hexametern gefaßtes Preislied auf den jungen König. Was er darin mit den 14 Generationen seit Karl dem Großen meint, ist unklar, und recht vage sind auch die Andeutungen über die Feinde der Königin, die ihre Weihe um einige Tage verzögert hätten. Und natürlich bedient sich Wipo üblicherweise einer Zitatentechnik, die ihn kunstvolle Phrasen aus Sallust und Ovid ohne Scheu gebrauchen läßt. Hoher Adel, erlesene Schönheit und große Klugheit schreibt er der Königin zu: das erstere versteht sich, das zweite könnte man auch etwas zurückhaltender übersetzen, ohne daß man dabei gleich in die Formulierung des Unverbindlichen abgleitet. Das dritte jedoch erstaunt, denn Klugheit (gleichgültig ob man nun Bildung, hohe Intelligenz oder gesunden Menschenverstand darunter verstehen will) gehört nicht zu den unabdingbaren Tugenden der Königin. Und Wipo steigert sich im Ausdruck: die Fähigkeit zu klugem Rat zeichne sie aus, und dies mache sie unentbehrlich für den König, dem sie zur Seite steht und dem sie, wie es an anderer Stelle heißt, an Bildung überlegen gewesen sei. Demgegenüber sind Tugend, Zucht und Keuschheit, Freigebigkeit und Frömmigkeit Eigenschaften jeder vornehmen Dame; für die Königin sind sie selbstverständlich. Dies alles darf man als Topos ansprechen, dessen sich ein Hofhistoriograph bedient, um die Einbindung der Königin in die göttlichen und menschlichen Ordnungen des Daseins zu belegen. Daß Gisela eine kluge Frau war, dies freilich bezeugt nicht nur Wipo.

Etwas mehr erzählt der Reichenauer Mönch Hermann in seiner Weltchronik zum Jahr 1015. Auch Hermann ist übrigens ein Insider, Abkömmling einer schwäbischen Grafenfamilie, dem seine Gehbehinderung – die Quellen nennen ihn Hermannus contractus, »den Lahmen« – den Weg ins Kloster wies. Bei ihm heißt es: *Herzog Ernst von Schwaben wurde bei der Jagd von dem Grafen Adalbero* (oder sollte man »comes« hier wirklich mit »Begleiter« übersetzen), *der nach einem Wild schoß, mit dem Pfeil verwundet und starb. Sein Herzogtum erhielt sein gleichnamiger Sohn* (Herzog Ernst II.), *seine Witwe Gisela aber bekam Konrad, der Sohn Heinrichs, des Sohnes Herzog Ottos, also der spätere Kaiser.* Und zum Jahr 1024 wird in Hermanns Chronik, im Anschluß an den Bericht vom Tod Kaiser Heinrichs II., folgendes erzählt: *Hierauf bemühten sich vornehmlich der ältere Konrad, der Sohn Heinrichs und der Adelheid, andererseits aber sein Vetter von Vaterseite her, der Sohn Herzog Konrads von Mechthild, um das Königtum. So wurde bei dem Dorf Kamba* (bei Oppenheim am Rhein) *ein Fürstentag abgehalten. Dabei wurde der ältere Konrad zum König erhoben und von Erzbischof Aribo in Mainz am 8. September gesalbt. Und nicht lange nachher wurde seine Gemahlin Gisela von Erzbischof Pilgrim von Köln am 21. September auch als Königin eingesegnet.*

Nimmt man beide Berichte zusammen und bezieht sie auf Gisela, so sagen sie aus, daß sie als Witwe Herzog Ernsts von Schwaben, dem sie zwei Söhne geboren hatte

(Ernst und Hermann), den Salier Konrad heiratete, der sich schon damals Hoffnung machen konnte, an Stelle des kinderlosen Kaisers Heinrich II. das Königtum zu erlangen. Doch war er dabei ein Kandidat unter vielen, die man für geeignet hielt. Auch Herzog Ernst, dessen früher Tod uns hier berichtet wird, hatte zu den möglichen Königskandidaten gehört, und seine Witwe Gisela war nicht nur eine vornehme und reiche Erbin, sondern bekräftigte zugleich den Anspruch ihres jeweiligen Gatten auf die höchste Würde im Reich. Im Jahr 1017 gebar sie den Sohn mit dem Königsnamen Heinrich, den späteren Heinrich III. Seltsam mutet die Formulierung an, Ernst II. habe das Herzogtum geerbt, Konrad der Salier jedoch die Witwe Gisela, und mit ihr, so möchte man ergänzen, den Anspruch auf das Königtum. Und seltsam ist auch die hier etwas verschlüsselt formulierte Wendung, die wir jedoch bei Wipo ebenfalls gefunden haben, nicht Erzbischof Aribo von Mainz habe die Königin, zusammen mit ihrem Gemahl, gekrönt, sondern, eine Woche danach, Erzbischof Pilgrim von Köln. Auch darüber hat die Forschung lebhaft gestritten, wie dies zu verstehen sei. Hatte Gisela wirklich, wie Wipo schreibt, Feinde am Hof um Erzbischof Aribo, die ihre Krönung zur Königin zu verhindern suchten? Und lag der Grund, wie man vermutete, darin, daß sie in zu naher Verwandtschaft zu Konrad stand, also dem kirchlichen Eheverbot unterlag, das eine Verbindung naher Verwandter untersagte? Das wäre eine Spitzfindigkeit gewesen, denn im hohen Adel gab es kaum eine Eheverbindung, bei der man nahe Verwandtschaft nicht nachweisen konnte, und wenn die Trennung einer Ehe erstrebt wurde, so ließ sich diese Argumentation immer ins Spiel bringen. Und zudem: Gisela und Konrad waren damals schon seit nahezu zehn Jahren vermählt und besaßen zwei gemeinsame Kinder. Wie hätte man Konrad zum König wählen und krönen können, wenn man seiner Gemahlin die Krönung hätte verweigern wollen, die durch die Erhebung des Gatten zur Teilhaberin am Reich und an der Regierung, zur »consors regni«, geworden war? Es muß einen einfacheren, vielleicht sogar höchst banalen Grund für die »Krönungsverschiebung« Giselas geben, auch wenn wir nur Vermutungen darüber anstellen können.

Beide bisher zitierten Quellen lassen unerwähnt, daß Gisela schon eine weitere Ehe hinter sich hatte, als sie den Salier Konrad heiratete: Ihr erster Ehemann war ein Graf Bruno »von Braunschweig«, dem sie einen Sohn Ludolf gebar. Auch Bruno war ein vornehmer Mann, als er sich um die reiche Erbin, Tochter des schwäbischen Herzogs Hermann, bemühte, Enkelin des burgundischen Königs und von Vater und Mutter her Nachkommin Karls des Großen. Und doch ist die Sache so weit eigentlich unproblematisch, denn wen wundert es, daß eine offenbar schöne, reiche, auf jeden Fall aber überaus vornehme Dame aus karolingischem Geblüt von fürstlichen Bewerbern umlagert war und nicht lange Witwe zu sein brauchte. Wo liegen hier die »Probleme um die Kaiserin Gisela«?

Im Jahr 1900 fanden Ausgrabungen in der Krypta des Speyerer Doms statt, und dabei wurde der Sarkophag der Kaiserin Gisela gefunden und geöffnet. Er enthielt die Überreste der im Schmuck königlicher Totengewänder bestatteten Kaiserin. Sie trug eine aus Kupferblech gefertigte Grabkrone – den dazugehörigen Schmuck hatte man offenbar schon früher entdeckt. Als besonders bemerkenswert empfand man ein Büschel goldblonden Haares, das freilich nicht unbedingt auf eine über 50jährige Frau hindeutete, die zumindest sechs Kindern das Leben geschenkt hatte. Sensationell jedoch war eine Bleiplatte, die sich unter dem Kopf der Kaiserin befand und die eine umfangreiche Inschrift enthielt (Abb. 37). Die Platte selbst war leicht gebogen, damit sie in den Sarkophag paßte, und die 14 Zeilen des Textes, am Anfang sauber ausgraviert, werden immer flüchtiger, scheinen am Schluß nur vorgeritzt und erschweren die Lesung des Textes auf der am unteren Rande ohnehin beschädigten Tafel. Doch der Anfang war eindeutig zu lesen, und was man las, war eine Sensation. Sofort nach der Auffindung wurde der Text durch Hermann Grauert veröffentlicht und wird seitdem in heftiger Kontroverse diskutiert – hierauf bezieht sich auch Brandenburgs Buch, auf das wir gleich zurückkommen müssen. Zunächst der lateinische Text, auf den hier nicht verzichtet werden kann: *Anno dom(inicae) incarn(ationis). D.CCCC. XCVIIII. III. Idus Nov(embris). felicit(er) nata Gisila. imperatrix / Cuonradi imperatoris coniux, mat(er) piisimi regis Henrici tercii. in imperio cum / viro suo XIIII annis mensibus VIIII. diebus XVII vixit in viduitate aut(em) III. / annis mensibus VIII diebus X domino serviens ex huius vite laboribus anno dominicae incarnat. MXLIII indictione XI kal. XV. mart. felicius ad dominum migravit. V. enim idus martias sepulta ab episcopo Sigebodone Spirensi in eadem civitate presente filio suo Henrico asstantibus et cooperantibus archiepiscopo Bartone Maguntino et suis suffraganeis Hazechone Wormaciensi, Wilhelmo Strazburgensi. Eppone Constanciensi. Burchardo Halberstadensi, Ruodolfo Baderbrunnensi, Dietmaro Cu[riensi]. [Sui]deger Babenberg. Gebehardo Aistetensi design[atoribus] ... H(?)...n (= Hildesheim?). Hunfredo Magdeburgensi. Herim[anno] (Colon?)... [Gebehar]d Radesponensi. Frider[ico Gebenensi?]... foses vis.*

Die meisten Interpreten haben sich auf die ersten drei Zeilen gestürzt. *Im Jahr 999 nach Christi Geburt, an den 3. Iden des November* (also am 11. November), *wurde Kaiserin Gisela geboren, Gemahlin Kaiser Konrads, Mutter König Heinrichs III. Sie teilte die Regierung ihres Mannes als Kaiser 14 Jahre, 9 Monate und 17 Tage lang und lebte als Witwe 3 Jahre, 8 Monate und 10 Tage. Sie starb im Jahr 1043 in der 11. Indiktion an den 15. Kalenden des März* (15. Februar) *und wurde an den V. Iden des März* (11. März) *von Bischof Sigebodo von Speyer in Speyer beigesetzt in Anwesenheit ihres Sohnes Heinrich.* Ferner werden die anwesenden Bischöfe, unter Führung Erzbischofs Bardos von Mainz, aufgezählt. Zwischen Tod und Begräbnis der Kaiserin – von Hermann dem Lahmen wissen wir, daß sie in Goslar gestorben ist – liegt fast ein Monat, Zeit genug, um den einbalsamierten Leichnam mit großem Gefolge nach Speyer zu geleiten, und auch Zeit genug, um die Tafel mit den

Lebensdaten der Kaiserin zu fertigen. Der flüchtig geritzte Teil kann freilich, da ja das Begräbnisdatum darauf angegeben ist, erst am Begräbnistag selbst gefertigt worden sein, also in aller Eile. Für den Anfang hingegen hatte man mehr Zeit. Er mag in Speyer, zusammen mit dem Steinsarkophag, in Auftrag gegeben worden sein, sobald man die Nachricht vom Tode der Kaiserin erhalten hatte und zugleich Kenntnis davon bekam, daß der Trauerzug im Anmarsch war.

Als Grauert den Text las, glaubte er sogleich, ihn uminterpretieren zu müssen, da er allem widersprach, was man bisher von der Kaiserin Gisela wußte. Denn 999 geboren, wäre sie 1015, als ihr zweiter Ehemann starb und unmittelbar bevor sie Konrad heiratete, 16 Jahre alt gewesen, zugleich aber Mutter von drei Kindern. Dieses Dilemma ließ sich nur lösen, wenn man dem Graveur einen Flüchtigkeitsfehler nachwies, eine falsche Zahl. So hat Grauert denn auch konjiziert und legte die Geburt Giselas auf das Jahr 989 fest, womit alle Probleme gelöst gewesen wären.

Den Konsens, der sich hierüber bildete, hat Erich Brandenburg nicht anerkannt. Die Bleitafel, so sagt er, sei eine Urkunde ersten Ranges, ein authentisches und zugleich offizielles Dokument, das grundsätzlich nicht in Frage gestellt werden dürfe. Die Historiker, so forderte Brandenburg, sollten tunlichst die Quellen in ihrer Aussage akzeptieren und sie nicht uminterpretieren, wenn sie ihnen nicht in den Kram paßten. Dann freilich müsse man eben das Leben der Kaiserin Gisela völlig anders sehen und beurteilen lernen.

In der Tat kam auch Brandenburg an einem chronologischen Gerüst nicht vorbei, das den biologischen Gegebenheiten einer Frau Rechnung tragen mußte. So ließ er die Ehe der 14jährigen mit Herzog Ernst von Schwaben, aus der zwei Söhne hervorgingen, vorangehen und mit dem Tod des Herzogs am 3. Mai 1015 enden. Die sofortige Wiederverheiratung mit Graf Bruno von Braunschweig habe ein Jahr später – wiederum war ein Sohn geboren worden – mit dem Tod des Grafen aufgehört. Und gleich danach, spätestens aber zu Beginn des Jahres 1017, habe Gisela sich mit Konrad vermählt, da am 28. Oktober 1017 der spätere König Heinrich auf die Welt kam. Doch nicht genug dieser Absurditäten, die Brandenburg in Kauf nehmen mußte: Herzog Ernst II. von Schwaben wäre danach 1014 geboren; 1025 erhob er sich zum ersten Mal gegen seinen königlichen Stiefvater an der Seite des Grafen Welf – ein elfjähriger Junge. Bei seinem Tode wäre er, der sagenumwobene Kriegsheld, 16 Jahre alt gewesen! Man sieht, wohin es führt, will man bei einer Quellenaussage bleiben, die sich nicht halten läßt.

Bei allem Ansehen, das Brandenburg als Historiker und Genealoge besaß, in dieser Sache erntete er nur Widerspruch, ja sogar Spott. Kinderehen waren im mittelalterlichen Adel durchaus an der Tagesordnung, wenn nicht sogar üblich. Und oftmals sind sie auch so früh vollzogen worden, daß die junge Frau und Fürstin der Belastung von Schwangerschaft und Geburt noch nicht gewachsen sein konnte: bei Heinrichs Gemahlin Gunhild wird es sich zeigen. Aber die dreifache Ehe eines

Kindes innerhalb von drei Jahren bei sofortiger Wiederverheiratung wäre ein Skandal gewesen, ein Verhalten, das mit dem Sittencodex einer fürstlichen Dame nicht zu vereinbaren war. Doch keiner der Biographen Giselas hatte ihre sittliche Lebensführung zu beanstanden, im Gegenteil: Wipo rühmt ja ihre Tugendhaftigkeit und Frömmigkeit, und wenn er mit positiven Formulierungen auch ihren Ehrgeiz aufführt, so verletzt dieser doch die Verhaltensnorm nicht, an der sie als Königin gemessen wurde.

Hans-Jürgen Rieckenberg hat vielleicht die Lösung des Rätsels mit einer recht geschickten Konjunktur der Bleitafelinschrift gefunden, die auf das Jahr 990 als Geburtsjahr Giselas führte, und Eduard Hlawitschka hat gezeigt, daß dem Verfasser der Inschrift weitere Fehler unterlaufen sind, die diese als schnell gefertigtes und vielleicht auch schlecht recherchiertes Dokument zu erkennen geben, falls man nicht überhaupt annehmen will, daß der Graveur seine schriftliche Vorlage – auf einem Pergamentzettel – unsauber kopiert hat, weil er eben kein Schreiber, sondern ein Metallschneider war. Insofern haben sich die »Probleme um die Kaiserin Gisela« lösen lassen. Falls sie 990 geboren ist, so ist sie in Sachsen, wo ihre Mutter in zweiter Ehe vermählt war, aufgewachsen und ist als junges Mädchen ihre erste Ehe mit Bruno von Braunschweig eingegangen. Ihre zweite Ehe, um 1008, endete 1015 mit dem Tod ihres Gatten, und dies ließ ihr genügend Zeit bis zum schicklichen Zeitpunkt, zu dem die dritte Ehe geschlossen werden konnte. Alle Ehemänner waren, und dies gilt auch für den Sachsen Bruno, ehrgeizige Herren, deren Karriere bei den ersten beiden durch einen frühen Tod beendet wurde, und dies verträgt sich mit Gisela, die ihrem künftigen Mann viel zu bieten hatte: eigenen Besitz und Machtpositionen, doch zugleich auch Anwartschaften, die sich nutzen ließen. Konrad II. hat dies getan.

Damit ließe sich dieses Kapitel beenden, gäbe es nicht ein weiteres Randproblem, das mit Gisela verbunden ist: das »Rätsel von Regenbach«. Dieser Begriff ist der Titel eines Aufsatzes von Eugen Gradmann und wird wieder aufgenommen in zwei weiteren Arbeiten von Heinrich Mürdel aus dem Jahr 1944 und von Hans-Martin Decker-Hauff von 1982. Was ist so rätselhaft in einem kleinen hohenloheschen Dorf an der Jagst unweit von Langenburg, und was hat dies mit der Kaiserin Gisela zu tun? Nun, Gradmann, damals Landeskonservator in Stuttgart und zuständig für die Kunstdenkmäler des Landes, stieß im Zuge seiner Inventarisationsarbeiten auf einen merkwürdigen Baubefund in der Nähe der Pfarrkirche von Unterregenbach. Im Keller des Pfarrhauses fand er eine Krypta, die zu einer untergegangenen alten Kirche gehörte, und im Zusammenhang damit zahlreiche Architekturfragmente, Kapitelle, den Rest einer Inschrift aus romanischer Zeit (Abb. 13). Wo eine Krypta sei, so folgerte er, müsse es auch ein Kloster gegeben haben, zu deren Kirche sie gehörte, und davon wisse man nun in Regenbach schlechterdings nichts. Anders etwa als in Hirsau, in Ellwangen, in Murrhardt, wo eine Dokumentation über die

Existenz karolingischer Klöster vorhanden ist, kenne man hier keinerlei schriftliche Überlieferung. Allerdings zitiert schon Gradmann jene in Limburg a.d. Hardt ausgestellte Urkunde Kaiser Konrads II. vom 8. August 1033, in der Konrad eine Schenkung seiner Gemahlin Gisela an das Bistum Würzburg bestätigte. Darin geht es um das Gut Regenbach im Maulgau in der Grafschaft des Grafen Heinrich, und aus der Urkunde geht ferner hervor, daß Regenbach Eigenbesitz Giselas war, den sie mit Zustimmung ihres Vogtes und Sohnes (aus zweiter Ehe), Herzog Hermanns von Schwaben, an Würzburg schenkte. Der Kaiser fungierte darin also nicht in eigener Sache, sondern beurkundete ein Rechtsgeschäft seiner Ehefrau.

Zu dieser Erkenntnis war freilich noch ein weiter Weg. Zunächst wurde Regenbach archäologisch erforscht, in immer neuen Kampagnen, die technisch besser wurden, je mehr die Mittelalterarchäologie Fortschritte machte; die letzte Nachgrabung liegt erst wenige Jahre zurück. Als Ergebnis schälte sich heraus, daß in Regenbach mit zwei Kirchenbauten zu rechnen ist. Der eine, eine große Basilika, wird als Kloster- oder Stiftskirche angesprochen und hat durch seinen reichen plastischen Schmuck überregionale Bedeutung. Ihm gehört auch die Krypta zu, und datiert wird der ganze Bau in die zweite Hälfte des 10. Jahrhunderts. Eine kleinere Basilika aus der Mitte des 11. Jahrhunderts ist der Vorgänger der heutigen Pfarrkirche St. Veit. Unweit der beiden Kirchenanlagen befand sich ein wiederum in der Mitte des 11. Jahrhunderts erbauter oder ausgebauter Herrensitz, den man jedoch nicht im Sinne einer hochmittelalterlichen Adelsburg gedeutet hat, sondern als eine aufwendige Wohnanlage einer Hochadelsfamilie aus einer der Adelsburg vorausgehenden Periode.

Was hier in immer größer werdenden Dimensionen zutage trat, bildete eine Sensation nicht nur wegen des vermuteten, aber nicht schriftlich nachweisbaren Klosters. Vielmehr entdeckte man die Zubehörteile zu einer Art von Pfalzbau – mit Herrenhaus, Wirtschaftsgebäuden und zwei Kirchen einschließlich der zur Grablege bestimmten Krypta –, bezog ihn jedoch nicht auf den König. Bezugspunkt blieb vielmehr, nach der Urkunde von 1033, die Kaiserin Gisela, der, so nimmt man an, ein Teil dieses Herrenhofs erbrechtlich zugefallen war, und so blieb nur die Frage, wem er vor ihr gehört hatte und wer sich diesen Ort als Grablege aussah. Der Blick fiel dabei auf Herzog Hermann II. von Schwaben aus der Familie der »Konradiner«, den Vater Giselas. Hermann war der mächtige Gegenspieler des späteren Königs Heinrich II. im Kampfe um die Königskrone nach dem Tod Ottos III. Er hat seine Niederlage nicht lange überlebt, hinterließ einen gleichnamigen Sohn, der nach ihm Herzog von Schwaben wurde und 1012 starb, sowie drei Töchter. Wie sie ihr Erbe aufgeteilt haben, ist ungewiß. Möglicherweise erbte Gisela an Regenbach nur einen Anteil, einen anderen mag ihr Neffe Bruno besessen haben, der 1034 Bischof von Würzburg geworden ist. Kurz zuvor war Giselas Schwester Mathilde, Brunos Mutter, gestorben, und in diesem Zusammenhang mag man auch unsere Urkunde von 1033 einreihen. Bruno als Erbe Mathildes wird den Versuch gemacht haben, den Gesamtkomplex wieder in seine Hand zu bekommen. Wenn es sich so verhält, so ist das Rätsel von Regenbach gelöst: Die Urkunde von 1033 zeigt eine Momentaufnahme aus dem allmählichen Prozeß des Übergangs des Erbes der konradinischen Herzoge von Schwaben an Bischof Bruno und, nach seinem Tod, an sein Bistum. Aus Giselas Sicht bedeutet dies, daß sie einen Teil ihres väterlichen Erbes mit Zustimmung ihres dritten Gemahls und ihres Sohnes aus zweiter Ehe, der an sich die Tradition als Herzog von Schwaben fortsetzen sollte, abgestoßen hat. Die Erbauung der kleinen Basilika in Regenbach wird auf Bischof Bruno zurückgeführt; die große mit ihrer Krypta und dem an ihr dienenden Mönchskonvent, ein Bau aus älterer Zeit, war nun nicht mehr erforderlich: die mit Regenbach verbundene Herrenfamilie hatte sich aufgelöst. Giselas Grablege war an der Seite ihres kaiserlichen Gemahls, vielleicht im Kloster Limburg, vielleicht auch in Speyer. Dort hat sie in der Tat ihre letzte Ruhe gefunden, nach fast vierjähriger Witwenschaft, wie die Bleitafel vermeldet. Daß gerade diese nochmals Unruhe schaffen und das Andenken an Gisela belasten würde, hatte sicherlich niemand beabsichtigt.

Quellen

Wipo, Gesta Chuonradi imp. cap. 4 ed. H. BRESSLAU, MG Script. rer. germ. (³1915), S. 24f.

Herimanni Augiensis Chronicon, bearb. von R. BUCHNER, in: Quellen des 9. und 11. Jahrhunderts zur Geschichte der hamburgischen Kirche und des Reiches (Darmstadt 1978), S. 617ff., insbes. S. 656–661.

Der Dom zu Speyer, bearb. von H. E. KUBACH und W. HAAS (= Die Kunstdenkmäler von Rheinland-Pfalz Band 5). Textband (1972), S. 932 Nr. 1449 (Konrad II.) und S. 939f. Nr. 1459 (Gisela).

Literatur

H. GRAUERT, Die Kaisergräber im Dom zu Speyer. Bericht über ihre Öffnung im August 1900 (München 1900).

E. GRADMANN, Das Rätsel von Regenbach, in: Württ. Vierteljahreshefte für Landesgesch. NF 25 (1916), S. 1–46.

E. BRANDENBURG, Probleme um die Kaiserin Gisela (Leipzig 1928).

N. BISCHOFF, Über die Chronologie der Kaiserin Gisela und über die Verweigerung ihrer Krönung durch Aribo von Mainz, in: Mitt. des Instituts für österr. Geschichtsforsch. 58 (1950), S. 285–309.

H. J. RIECKENBERG, Das Geburtsdatum der Kaiserin Gisela, in: Deutsches Archiv 9 (1952), S. 535–538.

E. HLAWITSCHKA, Beiträge zur Bleitafelinschrift aus dem Grab der Kaiserin Gisela, in: Histor. Jahrbuch 97/98 (1978), S. 439–445.

G. Wunder, Gisela von Schwaben, in: Lebensbilder aus Schwaben und Franken XIV (Stuttgart 1980), S. 1–16.

P. Hilsch, Regenbach und die Schenkung der Kaiserin Gisela, in: Zeitschr. für württ. Landesgeschichte 42 (1983), S. 52–81 mit älterer Literatur (Mürdel, Decker-Hauff sowie die archäologische Literatur).

K.-U. Jäschke, Tamen virilis probitas in femina vicit. Ein hochmittelalterlicher Hofkapellan und die Herrscherinnen, in: Ex ipsis rerum documentis. Beiträge zur Mediävistik. Festschrift für Harald Zimmermann (Sigmaringen 1991) S. 429–444.

Letzter archäologischer Beitrag:

G. P. Fehring, Unterregenbach, Kirchen, Herrensitz, Siedlungsbereiche, 3 Bde. (Stuttgart 1972); zuletzt Stefan Kummer, Die Krypta von Unterregenbach und ihre Kapitelle. In: Forschungen und Berichte der Archäologie des Mittelalters in Baden-Württemberg 7 (1981), S. 149–221.

H. Schäfer–G. Stachel, Unterregenbach. Archäologische Forschungen 1960–1988 (Stuttgart 1989).

Der Rebell: Herzog Ernst von Schwaben in Wirklichkeit und Sage

Die Sage von Herzog Ernst war, wenn man dies aus der Vielzahl der Handschriften, aus der Mannigfaltigkeit der deutschen und lateinischen Überlieferung schließen darf, eine der populärsten Geschichten des Mittelalters. Fragmente ihrer ältesten Fassung aus dem mittelfränkischen Raum werden in die letzten Jahrzehnte des 12. Jahrhunderts datiert, sind also in der zeitlichen Nähe des Nibelungenliedes anzusiedeln, dem dieses epische Werk freilich an dichterischer Schönheit nicht gleichkommt, ebensowenig wie die spätere Fassung, die uns vollständig vorliegt und die um 1210 entstanden sein wird, die Epen Wolframs von Eschenbach an gedanklicher Tiefe erreicht. Auf die letztere Fassung stützt man sich, will man das Gedicht in seiner stauferzeitlichen Form und als Ganzes betrachten. Seine farbige Darstellung, seine spannende Handlung sicherte ihm einen festen Platz im Erzählgut der Stauferzeit.

Sein zweiter Teil berichtet von den Irrfahrten und Abenteuern des geächteten Herzogs, den es auf dem Pilgerweg nach Jerusalem in exotische Länder verschlug, wo er mit Riesen und Zwergen, Kyklopen und vogelköpfigen Wesen kämpfte. Er war der besonderen Aufmerksamkeit eines Publikums sicher, das durch die in die Heimat zurückkehrenden Kreuzfahrer mit phantastischen Geschichten aus dem Heidenland unterhalten wurde, in die sich auch morgenländisches Erzählgut einmischte.

Im ersten Teil des Epos erfährt man von dem bayerischen Herzog Ernst, dessen Mutter Adelheid nach dem frühen Tod ihres ersten Gemahls in musterhafter weiblicher Tugend lebte, bis sie, von Kaiser Otto zu seiner zweiten Gemahlin auserwählt, zur Teilhaberin des Reichs erhoben wurde. Ernst wird dadurch zum Stiefsohn des Kaisers, auch er zur Herrschaft erzogen, als Erbe des Vaters Herzog in Bayern, doch zugleich in lateinischer und welscher Sprache unterrichtet und sogar – zum Zweck höchster Verfeinerung ritterlicher Lebensart – am griechischen Hof weitergebildet. Seine vorbildliche Tugendhaftigkeit sichert ihm ein hohes Ansehen und auch die uneingeschränkte Zuneigung seines Stiefvaters. Erst die Intrige des Pfalzgrafen Heinrich, eines Verwandten des Kaisers, der sich durch Ernst aus dessen Gunst verdrängt sieht, bewirkt den Umschlag: aus allmählichem Mißtrauen wird bei Otto Haß und Feindschaft, und weder die Vermittlungsversuche der Königin und der Fürsten noch Ernsts Angebot, sich vor einem Hof- oder Fürstentag gerichtlich oder in persönlicher Vorsprache von allen Vorwürfen der Verschwörung zu reinigen, können den Kaiser dazu bringen, seine feindselige Haltung aufzugeben.

In der Pfalz zu Speyer erzwingt Ernst eine Begegnung, doch er, der bisher alle kriegerischen Handlungen vermieden hatte, handelt nun doch seiner kriegerischen Erziehung gemäß: Er tötet den Pfalzgrafen, und der Kaiser selbst kann sich nur durch die Flucht vor seinen Nachstellungen retten. Damit hat Ernst, indem er sich gegen das Reich – in der Person des Königs – stellt, ein schweres Unrecht begangen, das nach Sühne verlangt. Sie besteht in der Pilgerfahrt nach Jerusalem, auf die ihn seine getreuesten Ritter, unter ihnen Graf Wetzel, der einzige, der namentlich genannt wird, begleiten.

Damit beginnt der zweite Teil von Ernsts abenteuerlichem Leben. Von seiner Reise kehrt er erst nach etwa zehnjähriger Irrfahrt zurück und erlangt die Versöhnung mit dem Kaiser. Ob sie durch die mitgebrachten Geschenke bewirkt wird, darunter den »Weisen«, den berühmten Stein, der seither das wertvollste Stück der Reichskrone darstellt, ob durch seine Erzählungen, die den Kaiser so gefangennehmen, daß er darüber die Reichsgeschäfte vergißt, oder durch die Erkenntnis, daß Ernst eigentlich schuldlos war und sich in allem Unglück den ritterlichen Sinn bewahrte: jedenfalls endet alles gut, fast idyllisch. Ernst, zu Beginn der Erzählung noch jugendlichen Alters, kehrt als Mann heim und darf die Früchte seines heldenhaften und ritterlichen Tuns genießen. Eine Frau übrigens begegnet ihm während seiner langen Reise nur am Rande in der Gestalt einer indischen Prinzessin, die er aus der Gewalt der Vogelmenschen befreit, doch sogleich durch den Tod wieder verliert. Die höfische Verhaltensweise, die den Frauendienst einschließt, ja fordert, ist ihm noch fremd, was darauf hindeutet, daß sich die Ernstsage, als sie an der Wende zum 13. Jahrhundert niedergeschrieben wurde, auf ältere Formen ritterlichen und adeligen Verhaltens bezog, und dies betrifft vor allem ihren ersten Teil.

Die Namen deuten auf Bestandteile des 10. Jahrhunderts hin. Otto, der Begründer Magdeburgs und des dortigen Moritzklosters, ist natürlich Otto I., seine erste Gemahlin, die Königin Ottegebe, ist Edgith, der nach ihrem Tod in der Tat Adelheid folgte. Demnach hat man von jeher die Erzählung um den aufständischen Herzog Ernst auf Liudolf bezogen, Ottos Sohn aus erster Ehe, der an zahlreichen Verschwörungen gegen den Vater beteiligt war, sich mit ihm jedoch immer wieder aussöhnte, ehe er 957, noch als junger Mann, starb. Auch der Name Heinrichs, im Gedicht ein naher Verwandter des Kaisers, paßt hier hin und erinnert an Ottos jüngeren Bruder Heinrich, mit dem sich der König am Weihnachtstage des Jahres 941 versöhnte. Auch diese Episode von der Buße des geächteten Herzogs, der sich dem König in der Weihnachtsmesse zu Füßen warf und von ihm begnadigt wurde, kehrt in der Sage von Herzog Ernst wieder, wo die weihnächtliche Aussöhnung jedoch in Bamberg stattfindet. Ist also Herzog Ernst niemand anderer als Liudolf von Schwaben, der gegen den Vater rebellierende Sohn aus Ottos erster Ehe? Ist Ernst nur ein Deckname, der die allgemein bekannte und oft erzählte Geschichte um Kaiser Otto I. überlagerte?

Doch auch Ernst ist eine historische Persönlichkeit, und zwar genau so, wie es die Sage beschreibt – bloß die Namen der Beteiligten haben sich im Sinne der Vorgänge aus ottonischer Zeit geändert. Denn Herzog Ernst ist der Sohn des Babenbergers Ernst, der bis 1015 Herzog von Schwaben gewesen war. Seine Ehefrau Gisela hatten wir im letzten Kapitel kennengelernt. Als Tochter des schwäbischen Herzogs Hermann II. eröffnete sie ihrem Ehemann die Aussicht auf seine Nachfolge und durch ihre Mutter die Anwartschaft auf ein reiches burgundisches Erbe. Der Vater, der bei einem Jagdunfall frühzeitig ums Leben kam, gab dies alles an seinen minderjährigen, fürstlich erzogenen Sohn weiter, genau wie es die Sage beschreibt. Die Mutter aber, Gisela, ehelichte den künftigen König, Konrad II., anders als in der Sage, wo sich der römische Kaiser um ihre Hand bemühte. Immerhin, der jugendliche Ernst wird 1024 zum Stiefsohn des Königs, der ihm die Nachfolge im Herzogsamt bestätigt, das Ernst schon vorher angetreten hatte, freilich nicht in Bayern wie im Epos, sondern in Schwaben.

Dort finden die Kämpfe des jungen Fürsten gegen den Stiefvater statt, wenn auch anders motiviert als in der Sage. Und auch Ernsts unzertrennlicher Begleiter, Kampfgefährte und Lehensmann Graf Wetzel ist eine historische Persönlichkeit, offenbar jener Freund, zu dem der historische (wie der sagenhafte) Herzog Ernst in unverbrüchlicher Treue gehalten hat. Was also ist nun authentisch? Hat es ein altes Gedicht um Otto I. und seinen unbotmäßigen Sohn gegeben, dem dann später lediglich der Name des ihm ähnlichen Herzogs Ernst übergestülpt wurde? Bleibt es demnach bei der Aussage des maßgeblichen Literaturlexikons, »die Verknüpfung unseres Epos mit dem Geschehen um den historischen Herzog Ernst II. bleibt ganz an der Oberfläche«?

Es ist recht wenig, was wir über ihn wissen. Wipo, der Biograph Konrads II., sieht in ihm eben den Feind des Königs, und viel mehr als das, was Wipo über seine Aufstände berichtet, ist nicht bekannt. So ist es auch zu verstehen, daß Ernst keine moderne Monographie erhalten hat, vielmehr eher eine Randfigur in der Geschichte des ersten Salierkönigs geblieben ist, und dies, obgleich er als Sagenfigur fast so etwas wie ein schwäbischer Nationalheros geworden ist: Ludwig Uhlands Drama hat dazu beigetragen.

Wenn die Altersberechnungen seiner Mutter Gisela stimmen (vgl. S. 55), so kann Ernst nicht vor 1008 geboren sein als der älteste Sohn aus der zweiten Ehe einer fürstlichen Dame, die, als sie den Babenberger Ernst ehelichte, 18 Jahre alt gewesen sein mag. Mit sieben Jahren verlor Ernst den Vater, dessen Erbe, Amt und Besitz die Mutter für ihn zu erhalten versuchte. Und als sie den Salier Konrad heiratete, war sie noch immer eine junge, tatkräftige Frau, eine reiche Erbin aus vornehmster Familie, wenn auch schon Mutter von drei oder vier Kindern.

Im Jahre 1024 also wurde Ernst zum Stiefsohn des Königs, dem Gisela inzwischen ebenfalls den Erben, den späteren Kaiser Heinrich III., geboren hatte. Ein Jahr nach

Konrads Wahl hört man zum ersten Mal von einer Verschwörung, an der Herzog Ernst beteiligt war, mit 17 Jahren noch im Jünglingsalter, doch an der Schwelle zur Mündigkeit. Wie immer ist es Wipo, der darüber berichtet, wenn auch nicht in der Chronologie der Ereignisse. Auf seinem Königsumritt hatte Konrad auch Schwaben besucht, hatte den Herzog in Konstanz und Zürich angetroffen, ehe er nach Basel weiterzog, um von dort aus seine Ansprüche auf das burgundische Königtum anzumelden. In diese Periode fällt offenbar die Entzweiung zwischen Konrad und Ernst, der sich dem jüngeren Konrad anschloß, dem Vetter des Königs und Mitbewerber um die Krone. Auch Graf Welf und Herzog Friedrich von Lothringen hätten dem Kreis der Oppositionellen angehört. Wer ihr Anführer war, ist schwer zu sagen – doch wohl nicht der gerade erst mündig gewordene Ernst. Die Themen allerdings deuten auf ihn. Er habe sich, so schreibt Wipo, seine Vasallen zu unbedingter und gegenseitiger Treue verpflichtet, habe also die Selbständigkeit seines Herzogtums auch gegen den König zu behaupten versucht. Daß Ernst auch burgundische Ambitionen besaß, die er aus dem Erbe der Mutter abzuleiten vermochte, läßt sich vermuten.

So ist der offene und bewaffnete Aufstand, der von Schwaben aus die Königsherrschaft Konrads II. bedrohte, in den verschiedensten Motiven begründet, läßt jedoch deutlich erkennen, daß der schwäbische Herzog das Königtum des Saliers nicht in Frage stellte, wohl aber dessen Anspruch auf die unumschränkte Herrschaft im Reich. Der Herzog von Schwaben, des Verbindungslands nach Italien und Burgund, bis zu den Alpenpässen reichend, die offenbar von den welfischen Grafen kontrolliert wurden, durfte nach Konrads Auffassung keinen eigenen Machtanspruch verfolgen, und so trat er den Bestrebungen seines Stiefsohns von Anfang an mit aller Entschiedenheit entgegen. Ob man – Wipo folgend – in Ernst einen seine Kräfte überschätzenden, auf andere hörenden, launischen und in jugendlichem Überschwang handelnden Jüngling sehen will oder einen seine eigenen politischen Interessen und Familienansprüche konsequent verfolgenden Fürsten, dies läßt sich schwer feststellen. Sicher ist, daß sich der Krieg des Aufständischen über Jahre hinzog, von Versöhnungen und Aussöhnungsversuchen unterbrochen, bis er 1030 sein dramatisches Ende fand. Am Osterfest 1030 habe Konrad die Wiedereinsetzung Ernsts in sein Herzogtum davon abhängig gemacht, daß sich dieser von seinen getreuen Vasallen lossage, die mit ihm der Reichsacht verfallen waren, insbesondere von dem schon genannten Grafen Wetzel, den man mit dem Grafen Werner von Kyburg im Thurgau gleichgesetzt hat.

Ernst hat dies abgelehnt, hat statt dessen selbst die Reichsacht in Kauf genommen und ist mit seinen ihm verbliebenen Getreuen in einem Kleinkrieg von Burg zu Burg gehetzt worden, zuletzt in der Baar und im Schwarzwald. Auf einer Burg Falkenstein soll er sich verborgen haben, vielleicht jener bei Schramberg oder auch der Burg am Eingang des Höllentals, dem damals schwer zugänglichen Weg von der Baar in den Breisgau: hier wie dort gibt es Ruinen dieses Namens. Dort hat ihn eine Truppe unter Führung des Grafen Manegold (von Nellenburg), die im Auftrag des Bischofs Warmann von Konstanz operierte, gestellt und zum offenen Kampf gezwungen. Am 17. August 1030 – das Datum ist sicher überliefert – wurde Ernst im Kampf getötet und mit ihm sein Kampfgefährte Graf Wetzel. Warmann ließ den Leichnam nach Konstanz bringen und ihn in der Mauritiuskapelle beim Dom bestatten, nicht als Geächteten also, sondern als Herzog. Er selbst führte die Regierung weiter für Ernsts noch minderjährigen Bruder, den späteren Herzog Hermann IV.

Indessen endet mit Ernst ein Kapitel schwäbischer Herzogsgeschichte, denn zum letzten Male war von hier aus eine ernsthafte Bedrohung für die Einheit des Reichs im Gefüge seiner alten Stämme ausgegangen. Insofern war Ernsts Kampf mehr als eine Episode der schwäbischen und der Reichsgeschichte.

Daß Ernst zum Sagenhelden geworden ist, hängt wohl mit einem anderen Motiv zusammen, das bereits anklang: mit jenem der Freundschaft und der Vasallentreue bis zum Tode, die den Zeitgenossen offenbar großen Eindruck machte. Graf Wetzel ist, wir hatten es schon gesehen, die einzige namentlich genannte Figur, die in der Sage neben dem Herzog erscheint, der Einzige aus einem ganzen Heer von Rittern, der mit ihm nach unglaublichen Abenteuern in die Heimat zurückkehrt und schließlich auch mit dem Herzog zusammen begnadigt wird. Die ritterliche Tugend Ernsts findet ihre Bestätigung, ja ihre Krönung in dem unbedingten Treueverhältnis zwischen Herrn und Vasallen. Es ist zwar auf dem Lehensverhältnis aufgebaut, setzt sich jedoch in der Freiwilligkeit fort, die Ernsts Ritter dazu bewegt, ihm nach Jerusalem zu folgen. Von daher steht der historische Ernst am nächsten an der Sagenfigur des 12. Jahrhunderts, trotz aller ottonischen Vorbilder, trotz der Schwerpunktverlagerung nach Bayern und an den Mittelrhein, trotz der politischen Anspielung aus der Welt der Staufer und Welfen und dem Lebenskreis der Kreuzfahrer und Jerusalempilger.

Die Sage hat Ernst aus seinen geschichtlichen Bezügen herausgelöst und macht ihn zum Tugendspiegel im Sinne der Barbarossazeit. Aus seinem Aufstand gegen den König wird ein schicksalhaftes Verhängnis, Folge einer Intrige, der er ohne eigenes Verschulden ausgesetzt ist und die ihn erst dann schuldig werden läßt, als er sich zur Wehr setzt, um – ganz im Sinne seiner Wertewelt – seine Kraft und Überlegenheit zu beweisen. Nicht weniger schuldig als er ist der König, der den boshaften Einflüsterungen des Intriganten Heinrich Glauben schenkt, ohne sie zu prüfen und ohne das zu tun, wozu ein König kraft Amtes verpflichtet ist: Gerechtigkeit und Milde walten zu lassen. Am Schluß geschieht dies doch, und so endet alles im Idyll. Ernst wird wieder Herzog; die Mutter wird aus der tragischen Verstrickung der Liebe zum Gemahl und zum Sohn erlöst. Die Wirklichkeit war härter. Kaiserin Gisela hatte sich zwischen beiden zu entscheiden und opferte den Sohn, den sie nicht mehr zu beschützen vermochte.

Konrad II., wie Otto im Epos, blieb hart: »Bissige Hunde haben selten Junge«, soll er spöttisch gesagt haben, als er die Nachricht vom Tode des Stiefsohns erhielt, der in der Tat keine Nachkommen hatte. Doch in der Sage, die mit Recht seinen Namen trägt, lebt er fort, und in ihr wird der böse Nachruf Kaiser Konrads geradezu in das Gegenteil verkehrt: Denn dort heißt es:

Der keiser hiez dô schrîben	*Der Kaiser ließ damals aufschreiben,*
war umbe und wie er in vertreip	*warum und auf welche Weise er ihn vertrieben hatte und*
und wie lange er in dem lande bleip	*wie lange er im Lande geblieben war*
und wier hin fuor und wider kam.	*und wie er ausgezogen war und zurückkehrte.*
swer disiu maere von im vernam,	*Jeder, der diese Geschichte des Herzogs gehört hatte,*
der muose weinen alzehant.	*der mußte sogleich weinen.*
dô liez er allez sîn lant.	*Dann überließ der Kaiser dem edlen Fürsten*
wider dem fürsten hêren.	*wieder sein ganzes Land.*
sît gesaz mit grôzen êren	*Fortan herrschte der edle Herzog*
bî sînem erbe der ziere degen.	*sehr ehrenvoll in seinem Erblande.*
er begunde hêrlîche phlegen.	*Er kümmerte sich vorzüglich*
sîner manne und sîner lande,	*um seine Leute und um sein Land,*
gelîche einem wîgande,	*indem er wie ein Held*
daz er gap unde lêch.	*beschenkte und Lehen vergab.*
der keiser in niht verzêch	*Der Kaiser hielt ihn nicht für gerechtfertigt,*
unze er was rîche als ê:	*bevor er nicht wieder so mächtig wie früher war.*
es wart niht min, es wurde mê.	*Es wurde so nicht weniger, sondern mehr.*
er hâte in liep unz an den tôt:	*Er liebte ihn bis in den Tod.*
alsô übrwant er sîne nôt.	*So hatte er seine Bedrängnis überwunden.*

Quellen

Herzog Ernst, hg. von Karl Bartsch (Wien 1869).
Herzog Ernst, zweisprach. Ausgabe, hg. von B. Sowinski (Stuttgart 1970).
Die deutsche Literatur des Mittelalters (Verfasserlexikon, hg. von K. Langosch), Band V, Nachtr. (Berlin 1955, S. 386–406).

Literatur

H. Bresslau, Jahrbücher des deutschen Reiches unter Konrad II. Band 1 (Leipzig 1879), S. 92 ff., 301–304.
H. Maurer, Der Herzog von Schwaben (Sigmaringen 1978).
W. Störmer, Spielmannsdichtung und Geschichte, in: Zeitschrift für bayerische Landesgeschichte 93 (1980), S. 556 ff.
H. Keller, Propyläen-Geschichte (wie S. 19), S. 84 ff.

Der Bruder des Papstes als Bischof

(Bischof Wilhelm von Straßburg 1028–1046)

Im »Codex minor ecclesiae Spirensis«, einem Kopialbuch des 13. Jahrhunderts, in dem die Texte der ältesten Urkunden des Bistums Speyer in Abschrift zu finden sind, hat sich eine recht seltsame Notiz erhalten. Sie wurde im 19. Jahrhundert, mit anderen Notizen ähnlicher Art, unter dem Titel »Annales Spirenses«, also »Speyerer Annalen«, gedruckt. Es geht darin um eine scheinbar ganz unwichtige Sache, eine Art von Kalenderstreit. Doch offenbar haben ihn die damaligen Geistlichen am Dom zu Speyer, unter denen der Verfasser der Notiz zu suchen ist, sehr ernst genommen, und haben ihn sogar als Schisma, als Versuch einer Kirchenspaltung, jedenfalls aber als einen gravierenden Vorfall angesehen. Wie sie die Sache gesehen haben, die sich dahinter verbarg, ist nicht ganz klar. In unserem Zusammenhang freilich kann man der Angelegenheit bei näherer Betrachtung eine völlig andere Seite abgewinnen, als es der Wortlaut annehmen läßt, und dies soll in diesem Kapitel aufgezeigt werden.

Der Text, in sehr einfachen Sätzen abgefaßt, paßt sich in einen Annalenbericht ein, einer Aufzeichnung also, in der von Jahr zu Jahr, wenn es etwas Bemerkenswertes festzuhalten galt, darüber berichtet wird. Hier heißt es: *Unter dessen Regierung* (gemeint ist Kaiser Konrad II.) *wurde der Kirchenstreit über die Feier des Adventsfestes in Straßburg durch den Mainzer Erzbischof, den heiligen Bardo, entschieden und in Limburg in aller Form rechtsverbindlich gemacht. Im Jahr 1038 (in der VI. Indiktion und im 10. Mondzyklus, im 15. Regierungsjahr Kaiser Konrads) wurde nämlich eine Auseinandersetzung über das Adventsfest ausgetragen. Als der Kaiser mit seinem Sohn Heinrich aus Burgund zurückkehrte, das er seiner Herrschaft eingegliedert hatte, und Straßburg am Sonntag, dem 27. November, erreichte (in Wirklichkeit war der 26. November ein Sonntag), da feierte der dortige Bischof Wilhelm mit seiner ganzen Geistlichkeit das Adventsfest. Aber der Kaiser und alle, die mit ihm gekommen waren, hatten dort mit dem Sonntag vor Advent gerechnet. Am darauffolgenden Sonntag, dem 3. Dezember, kam der Kaiser in seine neu gegründete Abtei Limburg, wo er die Kaiserin Gisela antraf, und gemeinsam feierten sie das Adventsfest. Dort befanden sich auch Bischof Hazecho von Worms, Bischof Reginbold von Speyer, Bischof Walther von Verona, Bischof Herbert von Eichstätt, Bischof Godehard [Thietmar] von Hildesheim, Propst Bezelo von Mainz und die Gesandten vieler weiterer Bischöfe, die alle dem Bischof von Straßburg widersprachen und einstimmig festlegten, das Adventsfest dürfe auf keinen Fall anders als zwischen dem 27. November und dem 3. Dezember gefeiert werden.*

Der vorliegende Text enthält in der Tat zunächst eine Kalenderfrage, die von den

66

damaligen Fachleuten sehr genau studiert wurde, unter Einbeziehung der Jahres- und Monatsberechnungen. Chronologie war eine Wissenschaft, für die es an jedem Bischofshof und in vielen Klöstern Spezialisten gab, die in der Lage waren, schwierige Kalenderprobleme unter Zuhilfenahme von Mathematik und Astronomie zu klären. Damit verbunden war, wie sich gleich zeigen wird, auch ein theologisches Problem. Die Frage des Adventsfestes freilich sollte normalerweise keine Schwierigkeiten bereiten, denn es ist ja mit dem Weihnachtsfest untrennbar verbunden, dem 25. Dezember, dem höchsten Fest der Christenheit – zugleich dem Beginn der neuen Jahreszählung. 1038 allerdings fiel Weihnachten auf einen Montag, der Weihnachtsabend auf den 4. Advent, und dies ist ein Sonderfall, der sich indes rund alle zehn Jahre wiederholte. Denn feierte man Advent am 3. Dezember, so gab es nur drei volle Adventswochen bis Weihnachten, und so hat man in einigen Diözesen, darunter wohl auch in Straßburg, die Adventszeit eine Woche früher angesetzt. Der König jedoch scheint, als er nach Straßburg kam, um dort einen Landtag abzuhalten, nicht auf das Adventsfest eingestellt gewesen zu sein. Sein Besuch in Straßburg war längst geplant gewesen; er kam von Basel aus per Schiff rheinabwärts und wurde erwartet. Wie üblich standen diejenigen, die ihn sprechen wollten, schon bereit, denn Konrad war zwei Jahre lang nicht mehr am Mittelrhein gewesen. Die Auszeichnung eines hohen Kirchenfestes in Anwesenheit des Kaisers jedoch sollte Speyer und der neugegründeten Abtei Limburg zufallen. Die Straßburger haben ihn also, so kann man vermuten, mit ihrem Adventsfest überrascht und haben ihm einen Festaufenthalt abgenötigt, den er folgerichtig verweigert hat.

Wer aber waren die Verantwortlichen in Straßburg? Nun: Bischof Wilhelm war ein wichtiger Mann, der Bruder des Grafen Heinrich im Worms- und Speyergau, dessen Sohn Konrad 1024 König wurde: Wilhelm war also der Onkel des Kaisers. Sein Bruder war jener Brun, der als Gregor V. im Jahr 996 den päpstlichen Thron bestieg. Wilhelm ist, darauf deutet sein Name hin, von vornherein für eine geistliche Laufbahn vorgesehen gewesen, das ihm nach der Wahl seines Neffen zum König auch dann nicht mehr streitig gemacht werden konnte, wenn er über höchst bescheidene geistige Gaben verfügt haben sollte – was wir nicht wissen. Ende 1028 oder zu Beginn des darauffolgenden Jahres ist er Bischof in Straßburg geworden, nachdem sein Vorgänger Werner von einer Pilgerfahrt nach Jerusalem nicht zurückgekehrt war: in Konstantinopel ist er gestorben. Wilhelm hatte eine standesgemäße Karriere gemacht. Er war Domherr in Straßburg und Erzkaplan der Königin Gisela, die deshalb mit ihrem Gemahl öfters in Straßburg weilte als anderswo: sie scheint auch gelegentlich in Straßburg geblieben zu sein, wenn Konrad einen seiner Feldzüge in Burgund durchführte. Doch bei seiner Bischofswahl zählte Wilhelm schon 50 Jahre, fast zu alt für damalige Zeit, um noch ein geistliches Spitzenamt zu erlangen; seine Brüder waren alle längst verstorben.

Das Jahr 1038 enthält mehrere wichtige Ereignisse. Von der Abtei Limburg wird im nächsten Kapitel ausführlicher die Rede sein. Die Abteikirche war noch im Bau, doch im Herbst 1038 wurde die junge Gunhild, die Gemahlin König Heinrichs III., die am 18. Juli in Italien verstorben war, in ihr beigesetzt (Abb. 12). Und von Limburg aus, das der Kaiser und sein Sohn in diesen Jahren oftmals besuchten, blickte man hinüber nach Speyer, wo der Riesenbau des neuen Domes seiner Vollendung entgegenging. Er sollte nicht nur die alte Bischofskirche ersetzen, sondern hier entstand die Grabkirche des Kaisers und seiner Familie: Gunhild würde die letzte sein, die nicht in Speyer bestattet wurde. Voller Mißtrauen mag man von Straßburg nach Speyer geblickt haben. Zwar hatte man vor zwei Jahrzehnten unter Bischof Werner ebenfalls eine neue Bischofskirche errichtet, die größer war als die bisherigen Bauten am Oberrhein, aber sie wurde übertroffen von diesem alle Dimensionen sprengenden, höchsten Ansprüchen genügenden Bau. Speyer war im Begriff, die alleinige königliche Residenz unter den Bischofsstädten am Rhein zu werden.

Vor diesem Hintergrund geht es also nicht allein um einen Kalenderstreit, sondern zugleich um einen Prestigekampf zwischen Straßburg und Speyer um die königliche Gunst und damit auch um den Stellenwert des jeweiligen Bistums im Gefüge des Reichs. Der Kaiser war siegreich aus Burgund zurückgekehrt. Seinem Sohn hatte man in der Stephanskirche zu Solothurn gehuldigt und hatte ihn dort gleich dem Vater als Herrscher im Burgunderreich anerkannt. Was lag näher, als ihn in Straßburg mit allen Ehren zu empfangen? Das Adventsfest bot hierzu die gewünschte Gelegenheit für einen symbolträchtigen Empfang: der Einzug des Königs Christus in Jerusalem, das »benedictus qui venit in nomine Domini«, ließ sich auf eine geradezu ideale Weise in Beziehung setzen zur Ankunft des Kaisers und seines Sohnes in Straßburg. Wir wissen nicht, wer auf die etwas verschmitzte Idee kam, den Kirchenkalender dem hohen Besuch anzupassen und das Adventsfest vorzuverlegen, obwohl man sicherlich wußte, daß es in den Nachbardiözesen eine Woche später gefeiert wurde. Vielleicht war es Wilhelm selbst, der in aller Einfalt glaubte, zum Wohle seines Bistums und nicht zum Schaden des Königs gehandelt zu haben, als er die Vorbereitungen für das Fest treffen ließ. Denn daß man in Straßburg nicht rechnen konnte, daß man einen eigenwilligen Adventstermin entgegen einem von der Mehrheit akzeptierten kirchlichen Gebrauch führte, ließe sich schwer begreifen. Vielmehr hoffte man wohl, der Kaiser werde gute Miene zum schlau eingefädelten Spiel machen und werde sich in Straßburg feiern lassen.

Die Rechnung ging nicht auf. Der Kaiser reagierte offenbar völlig humorlos und ließ sich von seinem alten Onkel nicht übers Ohr hauen, und die Kleriker, die mit ihm waren, nahmen die Sache grundsätzlich und bierernst. Ein Verstoß gegen den Kalender, so argumentierten sie, bedeute ja schließlich einen Verstoß gegen die Weltordnung schlechthin, denn das Kirchenjahr mit dem Weihnachtsfest als Höhepunkt sei ein Teil des göttlichen Gesetzes, gegen das man nicht angehen könne.

Geschehe dies aus Unwissenheit, so müsse der Angeklagte zurechtgewiesen und belehrt werden, geschehe es aber aus bösem Willen und bewußt, so sei dies Ketzerei und müsse schwer bestraft werden. So wurde aus dem Adventsfest im Kloster Limburg zugleich eine Bischofsynode, die ein Verdammungsurteil aussprach, und aus dem erhofften Prestigeerfolg des Straßburgers wurde eine schlimme Schlappe, auch wenn man nicht weiß, ob Wilhelm seinen Fehler eingesehen hat. Erstaunlich ist jedoch, daß sich der Kaiser selbst in dieser innerkirchlichen Frage – einem liturgischen Problem – persönlich engagiert hat, vielleicht gerade deshalb, weil er selbst in der Planung seines Regierungsprogramms betroffen war, ging es doch um seine Grabkirchen in Speyer und Limburg, und die Speyerer Quellen haben den ganzen Skandal ja auch als solchen festgehalten und überliefert.

Gestorben ist Bischof Wilhelm im Jahr 1047, im Alter von fast 70 Jahren. Er wurde in der von ihm gestifteten Kirche Jung St. Peter in Straßburg begraben. Offenbar hat er, gleich seinem Vorgänger, zuvor noch eine Jerusalemreise gemacht, doch in Straßburg hat er keine tieferen Spuren hinterlassen. Erst mit Otto kam dann wieder ein naher Verwandter des salischen Königshauses, ein Bruder des Stauferherzogs Friedrich von Schwaben, auf den Straßburger Bischofsstuhl (1082/84).

Die Forschung der letzten Jahrzehnte hat mit großem Nachdruck auf das »ottonisch-salische Reichskirchensystem« hingewiesen, also auf die beherrschende Rolle der Kirche und insbesondere der Bistümer im Rahmen der Königsherrschaft. Mit anderen Worten: Es geht um ein Instrument, dessen sich der König im 11. Jahrhundert bedient hat, nachdem er mit den weltlichen Fürsten und vor allem seinen eigenen Verwandten schwere Kämpfe um die Führung im Reich hatte bestehen müssen. Die Bischöfe, so erkannte man, ließen sich leichter einsetzen. Da sie, allesamt von vornehmer Herkunft, von vornherein für ein geistliches Amt vorgesehen waren, wurden sie hervorragend geschult und auf ihre künftige Aufgabe als Diplomat, als hoher Funktionär in der Reichsverwaltung, ja sogar als militärischer Führer vorbereitet. Zudem aber besaßen sie den unschätzbaren Vorteil, keine direkten Erben und Nachkommen zu besitzen, denen sie ihr Amt weiterreichen konnten. Mit ihrem Tod machten sie den Platz frei für einen zwar derselben Schicht, oftmals sogar derselben Verwandtschaft angehörigen Kandidaten, der indessen keinen Rechtsanspruch auf Erbfolge besaß, sondern nach Eignung und entsprechend der jeweiligen politischen Lage unter Beteiligung des Königs – oder durch ihn allein – ausgesucht wurde. Dies verlieh der »Reichskirche« in der Tat eine Geschlossenheit des Handelns, die im weltlichen Bereich mit seinen erbrechtlichen Zwängen und seiner familienpolitischen Dynamik nicht zu erreichen war.

Das Idealbild einer Kirche als Werkzeug in der Hand des Herrschers kontrastiert dennoch mit der Wirklichkeit. Dafür liegt uns hier ein Beispiel vor. Zwar hätte es einen Konkurrenzkampf unter den einzelnen Bistümern eigentlich nicht geben dürfen, denn jeder einzelne Domherr und Kaplan aus der Hofkapelle konnte allenthalben Bischof werden und sollte auch in seinem neuen Amt die Interessen des Königs vertreten. Aber zugleich, und dies ist die andere Seite, wächst er in die Traditionen und in das Selbstbewußtsein seines Bistums hinein, stiftet dort ein Kloster oder Stift und sorgt für seine Grablege, für seine Memoria. So geschah es auch mit Wilhelm, dem zu lange in Straßburg sitzengebliebenen Onkel des Königs, der dort Domherr gewesen war, ehe er doch noch – spät genug – den Bischofsstuhl bestieg. Seine Bindung an Straßburg war eng, und so mag er mit Eifersucht betrachtet haben, daß sein Nachbarbistum im Norden eine Sonderstellung erhielt, die er gerne auch eingenommen hätte. Noch unter Konrad II. waren sie sozusagen gleich gewesen, Speyer eher etwas hinter Straßburg zurücktretend, was die Königsaufenthalte in der Stadt und am Bischofshof anbelangt. Dann aber beginnt Speyer den Nachbarn zu überrunden. Mit 47 gegen 32 Königsaufenthalten in salischer Zeit, darunter zahlreichen Festaufenthalten, wird es neben Mainz und Worms zu einer der Hauptpfalzen am Ober- und Mittelrhein. Die Schenkungen an Speyer sind bestimmt von der künftigen Grablege des Königs, und sie übertreffen auch damit die Konkurrenten bei weitem.

Natürlich geht es nicht nur um den Ehrgeiz profilsüchtiger Bischöfe, ihrer Domherren und Hofbeamten. Repräsentation ist wichtig, und für die Kaufleute, die auf den Markt ziehenden Bauern, die Pilger muß die Silhouette der Stadt Speyer mit ihrer Domburg auf einer Terrasse über dem Rhein einen überwältigenden Anblick geboten haben: ein sichtbares Zeichen für die Präsenz Christi in dieser Stadt (Abb. 66). Ihre Klöster und Stifter waren mit Reliquien und Kirchenschätzen reich bestückt, und dies zog weitere Pilger an und veranlaßte die Durchreisenden zum Verweilen. Mit dem königlichen Hof aber, der sich hier aufhielt, kamen die Fürsten, die Ritter und ihr Troß, kamen Handwerker und Kaufleute, Spielleute und Gaukler und brachten Leben und Geld in die Stadt. Wir können dies nicht in Zahlen ausdrücken, aber wir können ahnen, daß der Dombau das Leben in Speyer veränderte. Auch dies mag man in Straßburg registriert haben, und man hielt Ausschau nach einer Möglichkeit, es dem Nachbarn gleichzutun. Bischof Wihelm hätte sich freilich etwas Besseres einfallen lassen sollen.

Quellen

Regesten der Bischöfe von Straßburg Band I Teil 2, hg. von P. WENTZKE (Innsbruck 1908), S. 272–276.

Annales Spirenses, MG SS 17, S. 81 ff., nach Codex minor ecclesiae Spirensis, Generallandesarchiv Karlsruhe, 67/448 Bl. 37b.

Literatur

E. L. STEIN, Geschichte des Kollegiatstifts Jung-St. Peter zu Straßburg (Freiburg i. Br. 1920), S. 6–8.

L. SANTIFALLER, Zur Geschichte des ottonisch-salischen Reichskirchensystems (Wien² 1964).

J. FLECKENSTEIN, Die Hofkapelle der deutschen Könige Teil II (Stuttgart 1966), S. 192 ff.; DERS., Problematik und Gestalt der ottonisch-salischen Reichskirche, in: Reich und Kirche vor dem Investiturstreit, hg. von K. SCHMID (Sigmaringen 1985), S. 83–98.

W. METZ, Städte am Mittelrhein als Stützpunkte salischer Reichspolitik, in: Geschichtliche Landeskunde 7 (1972), S. 34–50.

K. J. BENZ, Kaiser Konrad II. als kirchlicher Herrscher. Der Straßburger Adventsstreit und die Synode von 1038 im Kloster Limburg an der Haardt, in: Archiv für Liturgiewissenschaft 20/21 (1978/79), S. 56–80, mit älterer Literatur zu dieser Frage.

O. ENGELS, Der Dom zu Speyer im Spiegel des salischen und staufischen Selbstverständnisses, in: Archiv für mittelrhein. Kirchengesch. 32 (1980), S. 27–40.

H. ZIELINSKI, Der Reichsepiskopat in spätottonischer und salischer Zeit, 1002–1125, Teil 1 (Wiesbaden–Stuttgart 1984), S. 32.

S. WEINFURTER, Herrschaftslegitimation und Königsautorität im Wandel: Die Salier und ihr Dom zu Speyer, in: Die Salier und das Reich (wie S. 19), Bd. 1, S. 55–96.

Das Kind als Königin

»Gunhild« († 1038) am deutschen Hof

Es gibt Persönlichkeiten, die ein hohes Amt oder eine wichtige Stellung bei Hofe bekleidet haben und von denen wir gleichwohl so gut wie nichts wissen: ein paar karge Daten, die allenfalls als Lebenszeichen zu werten sind. Das Mittelalter kennt viele solcher Fälle. Und dann kommt es vor, daß eine einzige Quelle irgend etwas erzählt, ein winziges Detail, das uns dienen muß, etwas über einen Menschen, seinen Charakter oder wenigstens einen Wesenszug von ihm zu erfahren. Vielleicht wäre es besser, es gäbe diese Quelle nicht, da sie – dies wäre ja möglich – aus der Sicht eines gehässigen oder eines liebenden Menschen etwas völlig Unzutreffendes berichtet wie bei einem Karikaturisten, der eine Eigenschaft, sie maßlos verzerrend, hervorhebt und sein Bild aus ihr gestaltet. Da wir diese Quelle nun aber besitzen, müssen wir sie befragen, was sie aussagt, und sollten dabei wenigstens ihre Fehlerquellen ins Auge fassen.

Unsere Vorbemerkung trifft zu auf eine Königin, die wenige Jahre am deutschen Hofe gelebt hat, wo sie, noch in fast kindlichem Alter, dem Kronprinzen und gewählten König Heinrich III. zugeführt wurde, dem sie seit einem Jahrzehnt als Gattin bestimmt gewesen war. Bald nach der Geburt ihres ersten Kindes ist sie gestorben, da sie den Strapazen nicht gewachsen war, die das Mittelalter seinen Königinnen zumutete. Ihre Lebensdaten werden wir gleich noch etwas genauer zu betrachten haben, ihr Name, Gunhild oder Kunigund, tut so wenig zur Sache, daß man nicht einmal weiß, wie sie sich selbst genannt hat. In der folgenden Quelle wird sie als »die junge Königin« der Kaiserin Gisela an die Seite gestellt. Es handelt sich dabei um einen Brief, mit dem ein Kleriker seinem Herrn, dem Bischof Azecho von Worms, einige Neuigkeiten vom Königshof berichtet, wo der Bischof offenbar kurz zuvor selbst anwesend gewesen war, ehe er nach Worms zurückkehrte. Der Brief, undatiert, lautet folgendermaßen:

Dem Bischof Azecho, seinem ehrwürdigen und geliebten Herrn, weiht Immo – unwürdig in allem, was er ist – die Opfergaben seiner Gebete zu Gott. Ich bin den Wünschen Eurer Heiligkeit gehorsam und geziemend, wie es sich gehört, nachgekommen und habe Eure Nachrichten unserer Frau Kaiserin (Gisela) unverzüglich und pflichtschuldigst überbracht. Das mögt Ihr daraus entnehmen, daß sie selbst zweifellos Euer Geschenk zum Teil mit eigener Hand entgegengenommen hat. Mit welchem Wohlwollen und mit welchen Dankesbezeugungen sie sich der Hilfe, der Gebete und des Dienstes erinnert, die ihr von Euch dargebracht wurden, das geht andererseits aus der Tatsache hervor, daß sie sich wiederholt und eindringlich nach Eurer Gesundheit erkundigt hat. Hierfür berufe ich mich auf glaubwürdige und verläßliche Zeugen, die dabei waren, nämlich auf Herrn Heinrich (König Heinrich III.) und seine junge Gemahlin Chunigunda (Gunhild), von der ihr wissen sollt, daß sie, ganz nach Frauenart, geklagt hat, seit Eurer Abreise habe niemand mehr sie mit Mandelkernen beschenkt und sie mit väterlichen Worten getröstet. Doch nun melde ich Euch den glück- und heilverheißenden Reiseweg unseres Kaisers Konrad, soweit man ihn bis jetzt wissen kann. Wie wir gehört haben, stünden die Sachsen geschlossen unter Waffen, um ihn zu unterstützen. Auch möchte ich Euch nicht unverborgen lassen, daß Gesandte der Angelsachsen zu unserer jungen Königin geschickt wurden, die vor kurzem erkrankt war, nun aber Gott sei Dank genesen ist. Diese haben ihr folgende Botschaft überbracht: ›Eure unselige, ungerechte Stiefmutter ist bestrebt, Eurem Bruder Hardiknut die Königsherrschaft mit Arglist zu entreißen. Sie feierte große Gelage mit allen unseren vornehmsten Männern und bemühte sich, sie mit Bitten und Geld zu bestechen und sie durch Eidesleistungen an sich und ihren eigenen Sohn zu binden. Diese indessen haben ihr keineswegs zugestimmt, sondern haben vielmehr auf einstimmigen Beschluß hin Eurem genannten Bruder Boten geschickt, er möge schnell zurückkehren.‹ So weit diese Geschichte.

Ich füge zu Eurer Kenntnis hinzu, daß der Bischof von Metz sich mit großen Ehren vom Hof zurückgezogen hat, daß der Erzbischof von Köln und der Bischof von Lüttich, daß der Abt von Echternach und der Abt von Prüm zusammen mit unserer hohen Frau bis zum 10. August bleiben werden, da sie festgesetzt hat, sich an diesem Tag von Nimwegen nach Sachsen zu begeben. Sobald ich mehr weiß, werde ich mehr mitteilen. Leb wohl, geliebter Vater!

Dies ist, wie es scheint, eine Tagesmitteilung, wie sie in großer Zahl an den Hof gelangt oder umgekehrt vom Hofe aus den geistlichen und weltlichen Fürsten geschrieben worden sind. Diese waren stets daran interessiert, zu erfahren, was sich dort abspielte, wollten wissen, wohin der Kaiser zu reisen gedenke, was er damit bezwecke und wer zur Zeit bei ihm sei. Dies ist mehr als Hofklatsch, und wenn ein vornehmer Herr wie Bischof Azecho von Worms, von dem man vermutet, daß er ein naher Verwandter des Königshauses war, seinen Spion beim König sitzen hatte, einen Gewährsmann und Berichterstatter, der ihn auf dem Laufenden zu halten hatte, so tat er nichts anderes als alle anderen auch. Denn wenn man im politischen Geschäft dabei sein wollte, so mußte man informiert sein, was der König vorhatte und wer ihn dabei beriet. Im vorliegenden Fall kann man die Sache konkretisieren. Es handelt sich um das Jahr 1036, und der Briefschreiber hielt sich in Nimwegen auf, wo der Kaiser und sein Sohn, König Heinrich, in der Tat im Juni und Juli nachweisbar sind. Sie haben dort mit der ganzen königlichen Familie zusammen das Pfingstfest gefeiert, und damals hat auch die Vermählung des jungen Königs stattgefunden, von der gleich noch die Rede sein wird. Sehr lange hatte man sich in Nimwegen aufgehalten, ehe der Kaiser zu einem Feldzug gegen die Liutizen aufbrach; der Brief deutet an, daß auch die Kaiserin nach Sachsen mitzog, ohne jedoch beim Heer zu bleiben. Ostern 1036 war man in Ingelheim, also am Mittelrhein, gewesen, und dort wird auch Bischof Azecho anwesend gewesen sein. Wann er den Hof verlassen hat, wissen wir nicht. Unser Brief stammt also aus den ersten Augusttagen 1036 und enthält eigentlich nichts Ungewöhnliches.

Seltsam ist, daß man ihn überhaupt aufbewahrt hat. Tagesmitteilungen dieser Art hat es, wie gesagt, viele gegeben, doch nur hochstilisierte Schreiben, sprachliche Meisterstücke oder Briefe von Autoren, deren hohe Stilkunst man bewundert hat, wurden verwahrt, nicht als historische Quellen oder als Belege für wichtige politische Vorgänge, sondern als literarische Muster. Manche sind gar nicht verschickt worden, sondern sind als reine Stilübungen aufzufassen. Es mag also mehr oder weniger ein Zufall sein, daß der vorliegende Brief mit anderen zusammen in Worms verwahrt und in ein Briefbuch abgeschrieben wurde, das in der Bibliothek des Klosters Lorsch überdauert hat. Um es noch einmal zu sagen: die Sache, um die es dabei geht, ist eine Tagesmitteilung, eine Wegwerfnotiz. Daß sie erhalten geblieben ist, mag weniger mit dem Inhalt als mit dem Autor des Briefes zusammenhängen.

Wie üblich ist der Name des Briefautors abgekürzt, so wie auch die meisten sonstigen Namen nur durch eine Sigle, einen Anfangsbuchstaben angedeutet sind. Der Empfänger wußte ohnehin, wer gemeint war, und wenn der Brief aufbewahrt wurde, so kam es auf den Namen überhaupt nicht an, sondern – wie gesagt – nur auf den Stil. Die Absicht, historische Notizen zu sammeln, bestand nicht. Erst der Fleiß der heutigen Historiker hat den Brief entschlüsselt, hat die Siglen aufgelöst und ihn damit für uns verständlich gemacht. Sein Schreiber war der frühere Wormser Domherr Immo, inzwischen ein Mitglied der kaiserlichen Kanzlei und somit ein Mann, der die Feder wohl zu gebrauchen wußte. Bald danach ist er Bischof von Arezzo geworden, hat also die für seinen Stand typische Karriere gemacht. Er erzählt zunächst etwas von der Kaiserin Gisela, der mächtigen und umworbenen Herrscherin und Gemahlin Konrads II., um die man sich mit Worten und Gaben bemühte, wenn man etwas am Hof erreichen wollte. Ganz anders verhält es sich mit der jungen Königin, einer Tochter des dänischen Königs Knut. Als Gunhild-Chunihildis oder auch Chunelinda erscheint sie in den angelsächsischen Quellen, doch seit sie sich am deutschen Hof befindet, wird sie Kunigunde genannt. Wir wissen nicht genau, ob man sie damit ehren wollte, ihr, der künftigen Herrscherin, den Namen der als heilig verehrten Kaiserin Kunigunde beizulegen, oder ob man ihr, der Fremden, einen neuen Namen aufgezwungen hat – auch andere wie die Russin Praxedis genannt Adelheid oder die Byzantinerin Irene, unter dem Namen Maria Gemahlin Philipps von Schwaben, mußten sich dies gefallen lassen. Sicher ist jedenfalls, daß das Kind eines ehrgeizigen und mächtigen Vaters schon frühzeitig zur Gemahlin des künftigen deutschen Königs Heinrich ausersehen wurde. Ihr Geburtsjahr läßt sich einigermaßen erschließen, denn im Juli 1017 hat ihr Vater die Normannin Emma geheiratet;

der älteste Sohn Harteknut, der in unserem Brief vorkommt, mag ein Jahr später, Gunhild also frühestens 1019 geboren worden sein. Als sie im Zusammenhang mit einem Friedensbündnis zwischen Knut und Konrad II., Ende 1025, als Friedenspfand dienen durfte, war sie etwa sechs Jahre alt. Im Mai 1035 kam es zur offiziellen Verlobung der Königskinder. Doch noch im selben Jahr ist Knut gestorben, und nun war es zweifelhaft, ob die eheliche Verbindung des Kronprinzen mit dem jungen Mädchen, das vielleicht schon zur Verlobung an den deutschen Hof gebracht wurde, noch attraktiv sein würde.

1036 ist es also in Nimwegen zur geplanten Vermählung gekommen (Abb. 21), wobei ein glanzvolles Fest gefeiert wurde, zu dem auch eine Gesandtschaft von Gunhilds Bruder Harteknut anreiste. Wäre Gunhild erst damals an den Hof Konrads und Heinrichs gekommen, so hätte sie freilich nicht über die Ereignisse daheim informiert werden müssen, wie unser Brief berichtet. So aber kann Immo von der jungen Königin sprechen, um die sich Bischof Azecho bemüht hatte, als er sie in Ingelheim sah. Sie war nun 16 bis 17 Jahre alt und damit für mittelalterliche Verhältnisse reif für die Ehe, auch wenn sie, wie unser Brief andeutet, zart und kränklich gewesen ist. Ob man diesem Schreiben entnehmen darf – wie es manche Interpreten meinten –, die junge Frau habe in glänzender Umgebung ein unbeachtetes Schattendasein geführt und sei froh gewesen, wenn ihr ein Geistlicher wie Azecho ein freundliches Wort oder, wie man es bei einem Kind tut, ein wenig Konfekt schenkte, läßt sich schwer sagen. Sicherlich hatte sie in der Umgebung der herrischen Kaiserin Gisela, die bereits an der Spitze eines militärischen Aufgebots gestanden hatte, nicht viel zu sagen. Aber sie war die neue Königin, und die Gesandtschaft der Angeln kam offensichtlich nicht zum Kaiser, sondern zu ihr, um ihr zu berichten, wie es daheim zuging. Der dortige Streit zwischen Harteknut und seinem Halbbruder Harold in England um die Herrschaft im nordischen Reich braucht hier nicht zu interessieren. Doch ganz ohne Einfluß scheint Gunhild von vornherein nicht gewesen zu sein. Der Geistliche, den sie aus ihrer Heimat mitgebracht hatte, wurde Bischof von Hildesheim, und die Hochzeit am Peter- und Paulstag in Nimwegen wurde mit der Krönung der Königin verbunden, die als neue Kunigunde ihrem Gemahl Heinrich an die Seite trat: eine Erinnerung an den hochverehrten Vorgänger Konrads II. und seine Gemahlin. Man kann die Dinge auch so betrachten.

Tragisch, so scheint es, war nicht das Schicksal einer jungen Königin, die in fremder Umgebung, deren Sprache sie nicht verstand, dahinsiechte. Eher mag man beklagen, daß sie von jetzt an gezwungen war, mit dem Kaiser, mit ihrem Gemahl und seinem Gefolge zu reisen. Weihnachten feierte sie in Regensburg, ehe sie Heinrich nach Italien folgte. Dort muß ihre Tochter Beatrix auf die Welt gekommen sein, 1037 oder zu Beginn des Jahres 1038, wo sie mit dem Kaiser zusammen in Montecassino nachzuweisen ist. Ihr Name erinnert an Beatrix von Tuszien, die

Gemahlin des gleichen Herzogs Bonifatius, der bei der Hochzeit zu Nimwegen dabei war und den man in Italien wohl wiedergesehen hat. Am 19. Juni begegnet man ihr letztmals in Mittelitalien; einen Monat später, am 18. Juli, ist sie gestorben, als das Heer wegen der Seuche, die in der Fieberhitze Italiens grassierte, den Rückzug antreten mußte. Auch der junge Herzog Hermann IV. von Schwaben, der Sohn der Kaiserin Gisela aus zweiter Ehe, ist damals ums Leben gekommen.

Dies ist, wenn man so will, das übliche Schicksal einer Königin, die, wenn sie nicht gerade von äußerst robuster Gesundheit war, den Mehrfachbelastungen von Schwangerschaft und Entbindung, Reise und Krankheit nicht gewachsen war. Wipo, der Biograph Konrads II., hat ihr einen rührenden Nachruf gewidmet. Dieser ist mit der Totenklage auf den Kaiser selbst verbunden, der ein halbes Jahr später gestorben ist. Er wurde in seiner Grabkirche in Speyer beigesetzt, während Gunhild-Kunigunde in das Kloster Limburg verbracht und dort bestattet wurde. Das gerade vollendete salische Hauskloster ist so die Grabkirche der ersten Gemahlin Heinrichs III. geworden (Abb. 12).

Das Wenige, was man über sie weiß, läßt dennoch davor warnen, aus dem Brief Immos eine menschliche Tragödie herauszulesen. Er erzählt von einem typischen Frauenschicksal am deutschen Königshof. Interessant ist jedoch, daß Gunhild in ihrer Heimat zur sagenumwobenen Gestalt geworden ist, dort also, wo man nur noch verschwommene Kenntnisse über ihr weiteres Schicksal besaß. Wilhelm von Malmesbury berichtet im 12. Jahrhundert in seinen Gesta regum Anglorum, wie die überaus schöne Gunhilda von ihrem Bruder Harteknut mit einer königlichen Mitgift ausgestattet worden sei, und auch der Adel von England habe sie nicht wegziehen lassen, ohne sie zuvor reich beschenkt zu haben. Und bei Wilhelm findet sich auch, auf Gunhild und Heinrich III. bezogen, jene Geschichte, die jedoch ursprünglich Heinrich II. und Kunigunde gegolten hatte: Die Anklage wegen Ehebruchs gegen die Königin und ihre Rechtfertigung mit Hilfe eines Gottesurteils. Dieses beliebte Motiv der Genoveva-Sage paßt sicherlich nicht in die historische Situation der Jahre 1036–1038, doch bezeichnenderweise bleibt es im Norden an Gunhild hängen, die auch – und so schon bei dem Chronisten Adam von Bremen (✝ um 1085) – dadurch aufgewertet wird, daß nun ihr Vater Knut in einer völlig unhistorischen Erzählung als unentbehrlicher Helfer des Königs im Kampf gegen die Römer erscheint: als Beschützer und gar als Erretter des deutschen Königs, seines Schwiegersohns, bei den Kämpfen in Italien und Rom. Dies sind nordische Sagen, die sich mit dem Mythos von der jungen Königin verbinden, die am deutschen Hof eine glanzvolle Rolle spielte, denn so wollten die angelsächsischen Geschichtsschreiber zur Verherrlichung ihres eigenen Landes die Dinge gerne betrachten. Diese für das Geschichtsverständnis ihrer nordischen Heimat verständliche Abweichung von der Realität ist die letzte Überhöhung des in Wirklichkeit undramatischen und ein wenig traurigen Lebens der kleinen Gunhild.

Quellen

Die ältere Wormser Briefsammlung, bearb. von W. BULST. Monumenta Germaniae Historica, Die Briefe der deutschen Kaiserzeit III (Weimar 1949), Nr. 5 S. 20 ff.; derselbe Brief auch bei H. BRESSLAU, Jahrbücher des deutschen Reichs unter Konrad II., Band 2 (Leipzig 1884), S. 532 f., sowie in: Texte zur Geschichte der salischen Kaiserzeit, hg. von M. L. BULST und F. ERNST (Heidelberg 1953), S. 36 f. Nr. 13. Vgl. E. HÄFNER, Die Wormser Briefsammlung des 11. Jahrhunderts (Erlangen 1935).

Literatur

H. BRESSLAU, Jahrbücher Konrads II., Band 2, S. 145–147, 169 f., 318 ff.

E. STEINDORFF, Jahrbücher des deutschen Reichs unter Heinrich III. Bd. 1 (1874), S. 34–37, 42 f., 515 ff.

F. SPRATER, Das Grab der Königin Gunhild auf der Limburg, in: Unsere Heimat. Blätter für das saarpfälzische Volkstum (1938/39), S. 364–369.

Die Heiratsurkunden der Königinnen
Agnes und Bertha

Im Generallandesarchiv Karlsruhe wird eine Reihe von Urkunden aufbewahrt, die vor dem Jahr 1800 im Archiv der Bischöfe von Speyer gelegen hatten. Dieses befand sich in Bruchsal und gelangte danach in den Besitz des Großherzogs von Baden, dem nach der Säkularisation das rechtsrheinische Territorium der Speyerer Bischöfe zugesprochen wurde. Die hier interessierenden Urkunden stammen aus dem engsten Familienbereich der Salier. Man hat in ihnen daher die Überreste eines »salischen Hausarchivs« gesehen, urkundlicher Bestände also, die schon im 11. Jahrhundert als so wichtig angesehen wurden, daß man sie in Speyer in einem eigenen Archivdepot auf die Dauer aufbewahrt hat.

Vier dieser Stücke interessieren uns hier (Abb. 33, 39). Eine Reihe weiterer, an anderer Stelle überlieferter Urkunden wird dazukommen. Doch nehmen wir der Einfachheit halber eine für alle und überlegen uns an ihr, worum es darin geht. Da heißt es: *Im Namen der heiligen und unteilbaren Dreieinigkeit. Heinrich durch göttliche Güte König. Kund sei allen Getreuen Christi wie den unsrigen, den zukünftigen wie den heutigen, daß wir unserer geliebten Gemahlin, der Königin Agnes, bestimmte Güter – nämlich Dietfurt und Wettelsheim und Pappenheim –, die durch Erbrecht in unseren rechtmäßigen Besitz und in unsere Herrschaft zurückgefallen waren, als Heiratsgut zu eigen übergeben haben. Diese Güter liegen im Swalafeldgau und in der Grafschaft des Grafen Chuno und wurden übergeben mit allem, was dazugehört, nämlich mit Hörigen beiderlei Geschlechtes, mit Plätzen und Häusern, bebautem und unbebautem Land, mit Wiesen und Weiden, stehendem und fließendem Gewässer, Wasserbauten und Mühlen, Fischwassern, Wäldern und Jagdgebieten, Aus- und Eingängen, wegsamem und unwegsamem, erforschtem und unerforschtem Gelände, mit allen Nutzungen, die dort auf irgendeine Weise denkbar sind, und zwar mit der Maßgabe, daß die genannte Königin an den genannten Gütern die volle Verfügungsgewalt haben soll, sie zu besitzen, zu verschenken, zu vertauschen, zu verleihen oder was immer sie damit machen will. Und damit die Rechtskraft dieser unserer königlichen Verleihung für alle Zeit fest und unangefochten bleiben möge, haben wir diese vorliegende Urkunde, die wir mit eigener Hand – wie man sieht – bekräftigt haben, durch Aufdrückung unseres Siegels beglaubigen lassen.*

Siegel des unbesiegbaren Königs Heinrichs des Dritten.

Ich Kanzler Adalger habe anstelle des Erzkanzlers Bardo beglaubigt.

Gegeben an den 15. Kalenden des Februar (18. Januar) des Jahres nach Christi

Geburt 1044, in der 12. Indiktion, im 16. Jahr nach der Königswahl, im 5. Jahr seiner Königsherrschaft.

Gegeben zu Kaufungen im Namen Gottes, Amen.

Die vorliegende Urkunde, im Original erhalten und besiegelt, ist ein »normales« Produkt der königlichen Kanzlei Heinrichs III., nach Formular verfaßt und ohne besondere Eigenheiten. Wie in einer Urkunde üblich, versucht es, alle Eventualitäten abzudecken, und bringt dies in den Rechtsformeln – insbesondere der sogenannten Pertinenzformel – zum Ausdruck. Völlig geläufig sind auch die Schlußformeln des mit seinem Siegel und einem eigenhändigen Zeichen beteiligten Königs und seines Kanzlers. Beurkundet ist die Schenkung eines Gutskomplexes im heutigen Mainfranken, den an der Altmühl gelegenen Orten Wettelsheim, Dietfurt und Pappenheim. Dort befand sich altes Königsgut: wir befinden uns im Bereich der sogenannten »fossa Carolina«, also jenes Gebietes, in dem Karl der Große das grandiose Projekt einer künstlichen Wasserstraße, eines Kanalbaues zwischen Main und Donau, zu verwirklichen gesucht hatte.

Ungewöhnlich an dieser Urkunde ist vielmehr die Tatsache, daß es sie überhaupt gab: Der König ließ in seiner Kanzlei für seine Gemahlin ein Diplom ausstellen und hat es ihr ausgehändigt. Nun ist es zwar nicht selten, daß auch eine Einzelperson, ein Fürst oder Adeliger, vom König ein Privileg oder eine Schenkung verliehen bekam, wenn auch die meisten Stücke dieser Art verloren gegangen sind, da sie mit dem Tode des Empfängers ihren Wert eingebüßt haben. Daß jedoch auch die Königin von ihrem Gemahl Urkunden bekommt, verwundert auf den ersten Blick, ist sie doch – nicht nur durch die Ehe, sondern auch durch Weihe und Krönung – eng mit ihm verbunden, ist die Teilhaberin des Reichs und des Königtums, begleitet ihn auf allen seinen Reisen und verfügt, wenn sie das will, mit seiner Zustimmung auch über den Besitz und die materiellen Mittel des Reiches. Warum also diese an streng rechtliche Formen gebundene Zuweisung eines Sondervermögens für die Königin?

Ganz offensichtlich hängt dies mit der Eheschließung der beiden zusammen, wie dies unsere Urkunde auch sagt – pro dote, als Heiratsgut. Nun ist die Urkunde vom 18. Januar 1044 nicht die einzige ihrer Art. Vielmehr gibt es zwei weitere gleichen Inhalts, beide vom 30. November 1043. Aber, um die Sache noch zu komplizieren, diese beiden Stücke sind offenbar damals, im Jahr 1043, nicht ausgefertigt, also nicht rechtskräftig gemacht worden, sondern erst nachträglich, vermutlich im Jahr 1046. Und aus diesem Jahr existieren nochmals zwei Schenkungen Heinrichs an seine Gemahlin, die eine an einem bis heute nicht identifizierten Ort namens Wirena, die andere in Rochlitz an der Mulde (Abb. 33). Die Schenkungen von 1043 betrafen Güter in Kölbigk, heute einem Ortsteil von Ilberstadt Kreis Bernburg, und in Burgscheidungen bei Querfurt. Dies freilich bedeutet, daß es für die Königin Agnes statt einer Heiratsurkunde deren fünf gibt, alle aus den Jahren 1043 bis 1046. Was hat es damit auf sich?

Agnes war die Tochter des Herzogs Wilhelm »des Großen« von Aquitanien und Poitou; in der Literatur findet man sie häufig als »Agnes von Poitou« bezeichnet. Ihre Mutter Agnes war eine nicht weniger reiche und vornehme Tochter des burgundischen Grafenhauses. Ihre Vermählung mit dem deutschen König, Heinrich III., war daher eine durchaus politische Angelegenheit und vermehrte dessen Einfluß im westlichen Grenzbereich des Reiches. Heinrich, aus dessen erster Ehe mit Gunhild nur eine Tochter hervorgegangen war, schloß im November 1043 seine zweite Ehe mit der damals 16–18 Jahre alten Agnes, um die er durch seinen Verwandten Bischof Bruno von Würzburg hatte werben lassen. In Mainz wurde Agnes gekrönt, in Ingelheim fand die Hochzeit statt, und das Weihnachtsfest feierte man danach in Trier, um sich im Januar nach Kaufungen zu begeben: aus Ingelheim stammen die beiden Urkundenentwürfe vom 30. November 1043, aus Kaufungen unsere Ausfertigung vom 18. Januar 1044. Die Krönung der künftigen Königin fand im übrigen vor der Heirat statt, wenn auch in unmittelbarem zeitlichen Zusammenhang damit.

Nun war die Eheschließung des Königs mit einer ihm ebenbürtigen Dame aus reichster Familie keine geringe Sache: seit der Heirat Ottos II. und der Byzantinerin Theophanu war es das erste Mal, daß der regierende König (bei der ersten Ehe Heinrichs III. hatte der Vater noch gelebt) sich vermählte. Bei Otto II. hatte dies den Anlaß zu einer Prachtausfertigung einer überaus kunstvollen und feierlichen Heiratsurkunde geboten, mit Gold auf Purpur geschrieben, reich verziert und hoch stilisiert. Um so mehr ist man verwundert über die schlichten Texte, die diesmal ausgestellt wurden: Die beiden am Hochzeitstermin verfaßten Stücke unausgefertigt, das zwei Monate spätere in der Form einer schlichten Königsurkunde ohne jede dem feierlichen Anlaß entsprechende stilistische oder künstlerische Eskapade. Oder sollte man annehmen, daß man eine Prachturkunde zu machen gedachte, die dann, aus welchem Grund auch immer, nicht zustande kam, so daß schließlich nur die drei erhaltenen Stücke übrig blieben?

Natürlich ging es in der Heiratsurkunde nicht um die Bekräftigung der Eheschließung. Diese bildete durch Hochzeit und Beilager einen öffentlichen Akt, der keine schriftliche Rechtsform nötig hatte. Vielmehr geht es um die materielle Ausstattung der Königin, die insbesondere im Falle ihrer Witwenschaft den Charakter eines Versorgungsinstrumentes annahm, ihr also dasjenige Gut zuwies, von dem sie nach dem Tode des Ehemanns leben würde. Der Ehemann brachte diese Güter – die Morgengabe – beim Vollzug der Ehe, also in der Regel am Morgen nach der Hochzeit, dar. Für Agnes waren es offenbar die Güter in Kölbigk und Burgscheidungen, denen dann, bald danach, diejenigen im Altmühltal nachgereicht wurden. Damit freilich hat es eine besondere Bewandtnis. Denn kurz zuvor, im Februar 1043, war in Goslar die Kaiserin Gisela gestorben und in Speyer beigesetzt worden. Der Besitz in Kölbigk und vielleicht auch derjenige in Burgscheidungen hatte ihr gehört und war von ihr bis zum Ende ihres Lebens genutzt worden. Nun war er wieder frei und konnte der neuen Königin zugewiesen werden. Doch auch der Aufenthalt in Kaufungen hatte seine Bedeutung. Denn Kloster Kaufungen (bei Kassel) war das Eigengut und der Witwensitz der Kaiserin Kunigunde, die dort nach dem Tode Heinrichs II. gelebt hatte, wo sie 1033 auch starb – begraben wurde sie neben ihrem Ehemann im Dom zu Bamberg. Auch Kaufungen, so scheint es, nahm der König nun wieder in seine Hand (Abb. 34). Später hat er es dem Bistum Speyer übertragen, und es ist denkbar, daß auch die »ererbten« Güter im Altmühltal aus der Nachlassenschaft der Kaiserin Kunigunde stammten und nun der neuen Königin zugesprochen wurden.

Bleibt der Weihnachtsaufenthalt in Trier, den man mit einer Urkunde vom Sommer 1044 in Verbindung bringen kann, in der Königin Agnes die berühmte und alte Abtei St. Maximin bei Trier übertragen bekam. Man hat diesen Vorgang lange in Zweifel gezogen, ebenso wie seine Wiederholung von 1066 zugunsten der Königin Bertha, von der noch die Rede sein wird. Denn die Urkunden von St. Maximin sind Fälschungen, denen man keine rechtliche Grundlage zubilligen wollte. Und doch paßt sich die Sache in unseren Zusammenhang ein. Die Reise von Mainz/Ingelheim über Trier nach Kaufungen steht offenbar in Verbindung mit der wirtschaftlichen Sicherstellung der Königin, für die man traditionsreiche Güter in Anspruch genommen hat. Es scheint, daß dies der König nicht »am grünen Tisch« erledigen konnte, sondern daß man es an Ort und Stelle klären mußte, ehe dies alles in Kraft trat. Dazu war auch noch Zeit, denn an Agnes, der landfremden, romanisch sprechenden Fürstentochter, lag es, in ihre Aufgabe hineinzuwachsen, und dies bedeutete insbesondere, den Thronfolger zu gebären. Doch sind zunächst (1045, 1047 und 1048) drei Töchter, Mathilde, Judith und Adelheid, zur Welt gekommen, ehe 1050 der Kronprinz, 1052 der jüngere Konrad geboren wurden.

Im Sommer 1046 folgt eine zweite Welle von Schenkungsurkunden für die Königin, die offenbar mit ihrer bisherigen Ausstattung nicht standesgemäß versorgt schien. Hierzu bot der Tod des Markgrafen Ekkehard von Meißen Anlaß, aus dessen Besitz die späteren Schenkungen an Agnes stammen. Heinrich III. ist damals, im Juni und Juli 1046, in Meißen und Rochlitz gewesen – hierüber wird im Itinerarkapitel zu berichten sein – und hat diese Fragen geregelt (Abb. 32/33). Und spätestens damals sind auch die Schenkungen von 1043 vollends vollzogen worden, die recht umfangreich waren.

Agnes war nun im Besitz einer reichen Grundherrschaft, über die sie die alleinige Verfügungsgewalt besaß, und es hat den Anschein, daß sie wesentlich besser ausgestattet war als alle ihre Vorgängerinnen und auch ihre Nachfolgerin. Zwei Dinge freilich sind auffallend: im altsalischen Gebiet, um Worms und Speyer, hat Agnes keine Güter besessen. Ihre Ausstattung lag über das ganze Reich zerstreut, mit Schwerpunkt in Sachsen und im slavischen Grenzland. Und auffallend ist auch, daß Agnes nirgends Wurzeln geschlagen, kein Kloster gegründet hat, wo sie ihr Andenken nach ihrem Tod gepflegt sehen wollte. Ihre geistige Heimat hatte sie im Westen, in Burgund und Aquitanien, und am Ende ihres Lebens wurde ihre Bindung an die großen Reformzentren des Abendlandes, an Cluny, Dijon und Fruttuaria, später auch an Montecassino, Farfa und vor allem St. Peter in Rom, immer enger. In Rom hat sie ihr Leben beendet, und dort liegt sie auch begraben, während ihre Urkunden großenteils in Speyer gelandet sind. Es scheint, daß sie selbst die ihr gehörigen Dokumente dort zur Aufbewahrung hinterlegt hat.

Dieser Blick auf den – gewiß nicht geringen – Güterbesitz der Königin Agnes korrigiert zugleich einen Irrtum, der angesichts ihrer zahlreichen Schenkungen insbesondere in den Jahren 1056–1062 aufgekommen ist. Diese sind in Urkunden des noch jugendlichen Heinrich IV. dokumentiert, und man hat dies so verstanden, als ob die Kaiserin Agnes hier ihren Eigenbesitz angetastet hätte. Doch anders als ihre Vorgängerinnen hat Agnes nach dem Tod ihres Mannes tatsächlich das Reich regiert, im Namen des Sohnes zwar, aber mit der Vollmacht des Königs, ja der gekrönten Kaiserin. Die Besitzungen, die sie hierfür in Anspruch nahm, waren Reichsgut, das man streng von dem unterscheiden sollte, was ihr gehörte und was sie keineswegs weggegeben hat. Und in diesem Sinne muß man auch eine Schenkung Heinrichs IV. an seine Mutter aus dem Jahr 1058 verstehen, der ihr die Marienkirche bei der Burg Hainburg, unweit von Preßburg, verlieh. Es kann kein Zweifel daran bestehen, daß diese Schenkung mit der Verlobung zusammenhängt, die Judith, die 1047 geborene Tochter der Kaiserin, an Salomon, den Sohn des ungarischen Königs Andreas, band: Hainburg wurde Judiths Heiratsgut, das sich die Kaiserin zuvor übertragen ließ, um es der Tochter – zugleich als Pfand eines Friedensschlusses – weiterreichen zu können. Denn Agnes hat – und darauf ist im nächsten Kapitel über Heinrichs Jugend zurückzukommen – während der sechs Jahre bis zum Staatsstreich Erzbischof Annos von Köln wirklich regiert. Sie tat es im Sinne des verstorbenen Kaisers, tat es mit allen ihr zu Gebote stehenden Mitteln und, wie eine Quelle schreibt, mit männlichem Geiste. Ob sie letztlich gescheitert ist, weil sie eine Frau war, weil sie die für das Regierungsgeschäft nötige brutale Härte nicht aufbrachte, oder vielleicht auch nur deshalb, weil man an den übermächtigen Problemen nicht anders als scheitern konnte, ist oftmals diskutiert worden. Doch war Agnes aus der Gattin des Königs und Kaisers, die an seiner Seite duldend und leidend seinen ganzen Weg mitging, zu einer Herrscherin geworden, die zum aktiven Handeln gezwungen war, mochte sie wollen oder nicht.

Dies wird besonders deutlich, wenn man jene Frau in das Bild einbezieht, die als ihre Nachfolgerin eine fast tragische Gestalt, eine große Dulderin geworden ist: Bertha, die Königin und Ehefrau Heinrichs IV. Bertha war die Tochter des Grafen Otto von Savoyen und wird gelegentlich auch »Bertha von Turin« genannt, nach der Herkunft ihrer Mutter. Sie stammte also, wie die Kaiserin Agnes, aus dem romanischen Grenzbereich des Reiches im Westen. Im Jahr 1051 soll sie geboren sein, mit 15 Jahren wurde sie dem deutschen König vermählt, der gerade begonnen hatte, sich von der Vormundschaft seiner geistlichen Erzieher zu lösen. Es scheint, daß die beiden, die einander schon als Kinder verlobt wurden und sich auch als Kinder begegneten, keine tiefere Beziehung zueinander gefaßt haben, denn schon bald nach der Heirat hat Heinrich versucht, die Ehe wieder auf legale Weise zu lösen.

Zunächst jedoch soll von dem Ehevertrag der beiden die Rede sein, der auf eine sehr seltsame Weise überliefert ist und den man nur verstehen kann, wenn man die Vorgänge nach der Heirat berücksichtigt (Abb. 16). Die entsprechende Urkunde, im Original erhalten, stammt nämlich aus dem Jahr 1074 und überträgt der Königin das *castellum*, die Burg, und die *villa*, den Hof Eckartsberga bei Naumburg, mit allem, was dazugehört. Die Urkunde verwendet hierfür fast die gleiche Formel, die wir im Zusammenhang mit Agnes 1044 mitgeteilt hatten. In zwei Dingen jedoch weicht Heinrichs Urkunde für Bertha von derjenigen seines Vaters ab: *Mit dieser Urkunde erneuern wir das Besitzrecht der Güter, die wir in früheren Zeiten durch das Zeugnis einer anderen Urkunde unserer geliebten Bertha verliehen haben, der Gefährtin unseres Königsreiches und unseres Lagers,* so heißt es 1074. Diese Urkunde ist also eine Wiederholung einer offenbar nicht mehr vorhandenen oder überholten älteren Urkunde gleichen Inhalts, doch sie wurde vor großer Versammlung, im Beisein zahlreicher geistlicher Fürsten, erneuert. Zum anderen wird die Formel von der Verfügungsgewalt über den Besitz Eckartsberga durch einen Passus ergänzt, der offen läßt, ob Bertha in Zukunft Kinder haben werde oder nicht. Als die Urkunde ausgestellt wurde, hatte sie offenbar noch keinen Erben geboren, doch die Möglichkeit wird einkalkuliert; vielleicht war sie schwanger. Wohl noch im selben Jahr – die Urkunde stammt vom Januar – kam in der Tat ihre Tochter Agnes auf die Welt, die spätere Stammutter der Staufer, und ein Jahr später Konrad, der Thronfolger.

Man wird hier also mit den harten Realitäten mittelalterlicher Königsehen konfrontiert, in denen für Liebe und Zuneigung wenig Raum ist, um so mehr für die dynastische Raison und die Pflicht der Frau, Kinder – vor allem Söhne – zu gebären. Wie immer begann dieses Verhältnis auch hier mit einer Kinderehe, und Heinrich IV. hat einige Jahre nach der Heirat, als er sie nicht fortführen wollte, offen bekundet, keinen ehelichen Verkehr mit seiner Frau gehabt zu haben. Er wolle deshalb die Ehe, die nie eine solche gewesen sei, auch nicht weiterführen, beantragte ihre Annullierung. Er sei jedoch bereit, sich selbst als Schuldigen der ganzen Angelegenheit zu bekennen.

Diese Sache hat damals großes Aufsehen erregt, in weltlichen wie in kirchlichen Kreisen, und hat dazu beigetragen, den Gerüchten über Heinrichs zügelloses Leben, seine Ausschweifungen und seinen Stolz Nahrung zu geben. Von Bertha erfährt man gar nichts, wie uns überhaupt kein persönlicher Zug dieser jungen Frau überliefert ist. Ob sie selbst für ihre Ehe gekämpft hat, ob es andere für sie taten: jedenfalls hat sich Heinrich nicht durchgesetzt, hat bei niemandem Verständnis für seine Absicht gefunden, sich scheiden zu lassen und eine andere Frau nehmen zu dürfen, und so blieb Bertha Königin.

Und dann folgt diese Urkunde vom Jahr 1074, die Bestätigung einer nicht erhaltenen älteren Urkunde. Man kann sogar sagen, von wann diese gewesen ist. Denn aus dem Jahr 1066 gibt es eine Urkunde für die Abtei St. Maximin in Trier, wiederum eine Fälschung, aber auch diesmal wieder mit einem völlig plausiblen Rechtsinhalt. 1044, so hatten wir gesehen, war St. Maximin der Königin Agnes übertragen worden. 1066 heißt es, Heinrich habe die Abtei seiner Gemahlin Bertha übergeben. Dies war der Zeitpunkt der Hochzeit Heinrichs mit Bertha. St. Maximin gehörte also damals zum Königinnengut und ging von Agnes auf Bertha über. Und damals, im Juli 1066, wird auch die ältere Heiratsurkunde Heinrichs für Bertha ausgestellt worden sein. Sie ist nicht erhalten geblieben, sei es, weil sie gar nicht in Kraft getreten ist, sei es, weil sie im Zuge des Scheidungsprozesses entfremdet oder gar vernichtet wurde. Dann ist, so dürfen wir fortfahren, eine Wende eingetreten. 1074 wurde Bertha schwanger, und nun wurde ihr die Heiratsurkunde neu gefertigt, die sie eingebüßt hatte. Ihr Heiratsgut wurde bestätigt: eine Prämie für Wohlverhalten. Auch Eckartsberga gehörte übrigens zum Erbe des Markgrafen Ekkehard von Meißen, war also möglicherweise aus den Besitzungen der Kaiserin Agnes ausgeschieden worden, die 1074 noch am Leben war, wenn auch fern von Sachsen und dem Reich. Es scheint also, als ob sich die Tragödie doch noch in eine Idylle verwandelte. Denn Bertha ist ihrem Gemahl treu geblieben. Nach Agnes und Konrad, der noch vor dem Vater, 1101, gestorben ist, hat sie 1086 den späteren Thronfolger Heinrich geboren, den letzten König aus salischem Hause. Doch die Tragik, die diese Frau umgibt, blieb an ihr haften. Sie hat ihren Mann in seinen unglücklichsten Jahren begleitet, hat den Kirchenbann mit ihm geteilt und war schließlich auch seine Begleiterin bei jener Winterreise, die Heinrich im Januar 1077 über den M. Cenis nach Italien und Canossa führte. Lampert von Hersfeld, der Chronist, der dies so drastisch beschrieben hat, erzählt auch, wie man die Königin und die Damen ihrer Begleitung die vereisten Hänge des tief verschneiten Passes hinabgelassen habe, ein lebensgefährliches Unternehmen für alle Beteiligten. Mit diesem Bild soll auch dieses Kapitel abgeschlossen werden, in dem wir mit Bertha eine vielleicht nicht bedeutende, aber treue und pflichtbewußte Königin kennengelernt haben. Bertha starb 1087, zwei Tage nach dem Weihnachtsfest, und wurde in Speyer begraben. Die zweite Ehe Heinrichs, im darauffolgenden Jahr geschlossen, kann hier unerwähnt bleiben, um dieser traurigen, aber auch rührenden Geschichte nicht das Satyrspiel folgen lassen zu müssen.

Quellen

Die Urkunden Heinrichs III. (Monumenta Germaniae historica, Diplomata Heinrici III.), Nr. 116, 117, 119, 160–162, insbes. Nr. 119 S. 150 von 1044 Januar 18.

Die Urkunden Heinrichs IV. (Monumenta Germaniae historica, Diplomata Heinrici IV.), Nr. 44, 181 und 269, insbes. Nr. 269 S. 345 von 1074 Januar 28.

Literatur

M. L. Bulst-Thiele, Die Kaiserin Agnes (Leipzig/Berlin 1933).

G. Meyer v. Knonau, Jahrbücher der deutschen Geschichte unter Heinrich IV. (1890–1904).

M. Kirchner, Die deutschen Kaiserinnen in der Zeit von Konrad I. bis zum Tode Lothars von Supplinburg (Berlin 1910), S. 35 ff.

E. Ennen, Frauen im Mittelalter (München 1983), S. 48–74.

H. Schwarzmaier, Das »salische Hausarchiv«, in: Die Salier und das Reich Bd. 1 (wie S. 19), S. 97–116.

Der König auf Reisen

Heinrich III. im Jahr 1046/47

Das Mittelalter kennt keine Statistik. Nicht, daß es kein Verhältnis zur Zahl gehabt oder daß es keine Menschen gegeben hätte, die zu rechnen vermochten. Ganz im Gegenteil! Die Kalenderwissenschaft etwa war hoch entwickelt, die Berechnung von Sonnen- und Mondzyklen, und auch den römischen Kalender einschließlich der Indiktion, des römischen Steuerzyklus, hat man beachtet. Man gab sich Rechenschaft über Naturereignisse und ihre zyklische Wiederkehr und versuchte sie vorauszuberechnen. Dem galten die Bemühungen, Gesetzmäßigkeiten zu erkennen und in ein System zu bringen. Dahinter steht ein theologisches Anliegen – so wie wir es oben beim Straßburger Kalenderstreit gesehen hatten. Gottes Welt steht in einer von ihm bestimmten Ordnung, einer vorgegebenen Harmonie, die sich in verschiedenster Weise ausdrücken läßt, in Tönen, in Bildern und auch in Zahlen. Auch im Mittelalter gab es Spezialisten, die virtuos mit ihnen umzugehen vermochten.

Seltsamerweise bediente man sich dieser Kunst dort fast nie, wo wir sie täglich anwenden – im Alltag. Kein Chronist des früheren Mittelalters macht sich die Mühe, zu zählen, wie stark ein Heer, wie groß das Gefolge des Königs war, geschweige denn, aufzuzeichnen, was man zu seiner Ernährung benötigt hatte, wie viele Zelte man aufstellen mußte, um alle zu beherbergen, wie viele Pferde wieviel Futter benötigten. Die römischen Zahlen waren auch schwer zu handhaben, die arabischen kannte man noch nicht. Gibt ein Geschichtsschreiber einmal eine Zahl an, so ist sie meistens zu hoch: eine runde, symbolträchtige Zahl, die nichts aussagt über die realen Versorgungsprobleme am Hofe oder im Heer des Königs. Es scheint, daß es dort zuging wie bei der Speisung der Fünftausend: wie durch ein Wunder war mit Gottes Hilfe die Nahrung da, und alle wurden satt.

So war es natürlich nicht. Das Eintreffen des Königs und seines Gefolges in einer Pfalz, einem Kloster oder einem Bischofshof erforderte dort die größten Anstrengungen, um für einige hundert Menschen – Fürsten und Ritter mit Dienstpersonal einschließlich mehrerer vornehmer Damen, Kriegsleute mit Pferden und Troß – die Lebensmittel zu beschaffen und Schlafgelegenheiten bereitzustellen. Die Werkstätten mußten mobilisiert werden, die Reparaturen an Zaumzeug und Wagen durchzuführen hatten, die Tiere pflegen, das Jagdzeug und die Waffen instandsetzen mußten. Natürlich mußte das organisiert und auch vorausberechnet werden, und zwar zahlenmäßig genau, wenn man kein Chaos erleben wollte. Nur wenige Verzeichnisse sind hierüber erhalten, alle mehr oder weniger zufällig. Man kann sie einzeln aufzählen; jedes von ihnen ist mit einer Fülle von Interpretationen heutiger Sozial-

und Wirtschaftshistoriker belastet, die es im übrigen schwer haben, exakte Grundlagen für ihre Forschungen zu finden.

Denn wir sind heute gewohnt, nachzurechnen. Wir wollen wissen, wer mit dem König auf Reisen ging und wie lange, wo man einkehrte, wo nur für eine Nacht und wo für längere Zeit, wo man die großen Feste des Jahres feierte und wer die Kosten für den ganzen Aufwand zu tragen hatte. Wir wollen wissen, wie man einen Feldzug vorbereitete, wie groß das Heer war und wie man es verpflegte, wie lange man es überhaupt zusammenhalten konnte, ohne daß es Versorgungsprobleme gab. Gar zu gern hätten wir Aufschluß darüber, wen das Königspaar täglich um sich hatte und wer es auf seinen Reisen begleitete, und wir würden uns gerne erzählen lassen, wie diese verliefen. Kannte man die Wege, die man zu ziehen gedachte, oder brauchte man Ortskundige, die – bei schlechter Witterung – die Passagen zeigten, die Berg- und Flußübergänge an den gangbarsten Stellen? Gab es feste Straßen und gepflasterte oder wenigstens gepflegte Wege, oder mußte man sie stets von neuem suchen?

Uns sind diese Fragen wichtig, den Chronisten des Mittelalters interessierten sie nicht; kaum, daß sie einmal einen Hinweis geben. Sie erzählen von einem unermeßlichen Heer und seinen glänzenden Siegen wie von den Heldentaten einzelner, aber nicht, wer die Verwundeten gepflegt, die zerbeulten Waffen und zerschundenen Kleider wieder instandgesetzt hat. Dies sind, wie gesagt, unsere Probleme. Daß sie ihre Berechtigung haben, steht außer Zweifel. Denn hinter ihnen verbirgt sich die Frage nach den Organisationsformen allen mittelalterlichen Gesellschaftslebens und damit auch nach dem mittelalterlichen Königtum, seiner Staatlichkeit, seinem Wirkungsbereich.

Man konnte diesen Problemkreis übergehen, solange man, den Quellen folgend, den König in Aktion sah, von Ort zu Ort reisend, stets unterwegs, Hof haltend, vor Gericht sitzend, auf Kriegszügen und als Friedensvermittler, Feste feiernd und gelegentlich auch – auf der Jagd – sein Vergnügen suchend. Selten genug findet man ihn »in Ruhe«, allenfalls wenn er eine Krankheit ausheilte oder die Entbindung der Königin abwartete. Dies ist der Alltag und Feiertag kaum unterscheidende, mühselige Weg des Königs, wie wir ihn kennen. Fast alle Herrscher des Mittelalters haben sich ihm unterworfen bis zur völligen Erschöpfung. Nur wenige sind dabei alt geworden. Eine Alternative kannten sie nicht.

Wir denken uns mit unseren Methoden in die Selbstverständlichkeit dieses Tuns hinein und versuchen, es in Zahlen auszudrücken. Da uns das Mittelalter hierbei im Stich läßt, mußten wir sie selbst errechnen, doch sie bleiben Annäherungswerte. Für die Bevölkerung des Deutschen Reiches errechnete man für die Salierzeit rund drei Millionen Menschen, halb so viel wie im benachbarten Frankreich: in der Stauferzeit, so nimmt man an, sei dann auch in Deutschland die Zahl auf sieben bis acht Millionen angewachsen. Städte fehlen zu Beginn unserer Periode noch: die ehemaligen Römerstädte am Rhein mit ihrer Bischofspfalz, mit ihren Klöstern und der beim

Bischofshof gelegenen Handwerkersiedlung, so wie wir dies in Worms und Speyer kennengelernt haben, mögen damals 1000 bis 2000 Bewohner gehabt haben. In einem Königshof zählt man mehrere hundert, in einem Dorf, also einer kleinen bäuerlichen Siedlung, allenfalls 100 Menschen. In einem Kloster lebten 12 bis 20 Mönche mit entsprechendem, zum Klosterhof gehörigem Gesinde, und erst die großen Reformabteien des späteren 11. Jahrhunderts haben wieder, wie schon einmal in karolingischer Zeit, mehr als 100 Mönche beherbergt oder gar, wie in Cluny, über 1000. Doch auch diese Zahlen bleiben vage und geben uns allenfalls eine Richtschnur, an der man sich orientieren kann. Auch dort, wo die erzählenden Quellen riesige Truppenverbände in der Schlacht aufeinandertreffen lassen, geht es in Wirklichkeit meist um kleine Einheiten von einigen hundert Kämpfern (mit Troß), und diese auf dem Marsch zu verpflegen, stellte ein Problem dar. Mit ähnlichen Zahlen werden wir im folgenden zu rechnen haben.

Heinrich III. war, wie seine Vorgänger und seine Nachkommen, zeitlebens unterwegs. Bereits seine Kindheit war von der Reise geprägt, wie wir dies später bei Heinrich IV. erneut feststellen werden. Als König, noch vor dem Tode Konrads II., absolvierte auch der Sohn das volle Reiseprogramm, und als Alleinherrscher führte er es in den riesigen Dimensionen seines Reiches – bis nach Italien und Ungarn – weiter. Im Jahr 1039 war er 22 Jahre alt. Die 18 Jahre bis zu seinem Tode lassen ein erstaunliches Programm erkennen. Dies zeigt die nebenstehende Statistik.

Was besagt eine solche Tafel, die Heinrich III. nicht hätte anfertigen lassen, da er ihren Sinn nicht begriffen hätte? In 18 Jahren ist Heinrich fast 50 000 Kilometer gereist, meist zu Pferd, gelegentlich mit dem Schiff auf Donau und Rhein, wenn es flußabwärts ging. Im Jahr 1053 registrieren wir ein »beschauliches« Jahr mit nur 1700 Kilometern, wobei Heinrich mindestens zwei Monate in Goslar verweilte. Das Jahr 1045 mit 4300 Kilometern enthält eine Ungarnreise und einen fast hektischen Marsch durch das ganze Reich: der Italienzug des darauffolgenden Jahres bereitete sich vor. Der Jahresdurchschnitt beträgt 2800 Kilometer. Demnach ist 1052 ein Durchschnittsjahr, jedoch mit einem Ungarnfeldzug während der Sommermonate. Rechnet man weiter, so kommt man zu einem Tagesdurchschnitt von acht Reisekilometern, was freilich nichts zu besagen hat. Denn natürlich reiste man nicht jeden Tag. Berücksichtigt man eine Verweildauer von mindestens 14 Tagen an größeren Orten, an einigen Plätzen und im Zusammenhang mit Reichsversammlungen und Festen (Advent, Weihnacht, Passionszeit bis Ostern) bis zu einem Monat, in Ausnahmefällen (Krankheit) bis zu zwei Monaten, so läßt sich ein Aufenthalt von rund sechs Monaten pro Jahr an etwa 6–8 größeren Orten berechnen. Die reine Reisezeit, in der man täglich den Ort wechselte, beträgt also allenfalls 180 Tage im Jahr, und dies bedeutet eine tägliche Reiseleistung von 15–20 Kilometern pro Tag. Auch dies ist ein Durchschnittswert. Mit dem Schiff stromabwärts erzielte man wesentlich höhere Reiseleistungen, und auch bei Eilmärschen zu Pferd darf man

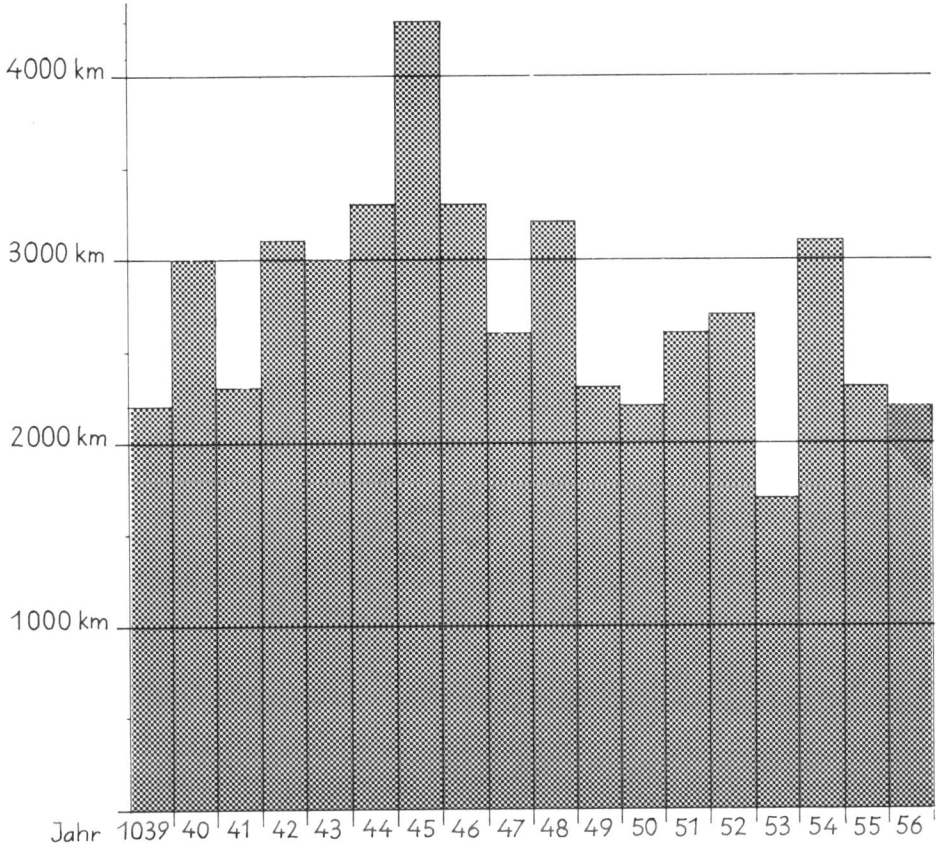

mindestens 30 Kilometer pro Tag auf ordentlichen Wegen (und ohne Reisehindernis) kalkulieren, bei Eilstaffetten zur Nachrichtenübermittlung noch mehr. Mit Gefolge, die Damen des Hofes eingerechnet, sind jedoch 20 Kilometer eine respektable Tagesleistung, und noch erstaunlicher ist sie, wenn man dies vor dem Hintergrund eines Lebensweges von 18 Jahren sieht. Was bedeutet es demgegenüber, daß es Heinrich bei insgesamt 20 Aufenthalten in seiner Lieblingspfalz Goslar mit Verweildauer von jeweils zwei bis drei Monaten auf eine Gesamtzeit von etwa 18 Monaten brachte, die er in Goslar residierte (Abb. 29)? In Regensburg ist er fünfzehnmal gewesen, meist mit der Vorbereitung von Expeditionen nach Ungarn beschäftigt, in Speyer zehnmal, soweit man dies erkennen kann, jeweils einige Wochen lang.

Es bleibt die Frage, was damit eigentlich über die Regierung eines Königs ausgesagt ist. Und doch soll dieser Versuch noch ein wenig weitergetrieben werden. Wir wollen Heinrich III. ein Jahr lang von Station zu Station begleiten, soweit wir

89

diese aus den Ausstellungsorten seiner Urkunden und aus erzählenden Quellen kennen. Ausgewählt wurde das nach Italien führende Jahr 1046/47 mit einer Strecke von 4400 Kilometern Reiseweg, von Ostern 1046 (30. März) bis Pfingsten 1047 (7. Juni), also durch 15 Monate hindurch und damit über dem errechneten Jahresdurchschnitt liegend. Wir wollen versuchen, jede der Reisestationen kurz zu beschreiben und bildlich zu veranschaulichen, wollen nachweisen, was sich dort ereignete und wer anwesend war. Zugleich sollen die Zwischenstationen, die nicht belegt sind, die sich aber erschließen lassen, in das Bild einbezogen werden. Die Statistik dieses Kapitels soll hierdurch etwas Farbe bekommen.

Zu beginnen ist in *Utrecht,* wo Heinrich am *30. März 1046* urkundlich bezeugt ist und wo er das Osterfest feierte (Abb. 20). Heinrich mag zu dieser Stadt ein besonderes Verhältnis gehabt haben, denn am 4. Juni 1039, am Tage nach dem Pfingstfest, ist sein Vater Konrad II. in Utrecht gestorben. Seine Eingeweide wurden in der dortigen Martinskirche beigesetzt, der in der Folgezeit zahlreiche Schenkungen zugekommen sind. Auch den Jahrtag des väterlichen Todes hat Heinrich in Utrecht verbracht (Ende Mai 1040), mit dessen Bischof Bernolf (1027–1054) ihn ein besonderes Vertrauensverhältnis verband. In den ersten Apriltagen hat Heinrich von Utrecht aus zu Schiff eine militärische Exekution gegen den Grafen Dietrich von Holland durchgeführt, der sich der Usurpation von Reichsgut schuldig gemacht hatte. In Vlaardingen wurde er gestellt und bestraft: das Unternehmen scheint nur wenige Tage gedauert zu haben.

Bemerkenswert sind die riesigen Schenkungen des Jahres 1046 an die bischöfliche Kirche zu Utrecht, die dann einige Monate später, in Aachen, beurkundet wurden. Der Bischof wurde nicht nur mit der Grafschaft Drenthe belehnt, die nach dem Tod Herzog Gozelos von Lothringen († 1044) an das Reich heimgefallen war, sondern auch mit der Grafschaft Hamaland und der Stadt Deventer. Die Königin Agnes war bei diesen Vorgängen anwesend und hat bei ihnen interveniert, wie sie überhaupt während der ganzen folgenden Reise an der Seite des Gemahls zu vermuten ist.

Am *16. April 1046* ist Heinrich in *Nymwegen* nachweisbar, von Utrecht zwei Tagesreisen entfernt (Abb. 21). In Nymwegen, wo sich Heinrich an Pfingsten 1036 vermählt hatte, hielt er sich auch später gerne in der Zeit zwischen Ostern und Himmelfahrt auf. 1044 feierte er in Nymwegen das Osterfest. Diese gesamten Vorgänge stehen im Zusammenhang mit der Neuordnung der Verhältnisse in Lothringen, das der schon genannte Herzog Gozelo ungeteilt innehatte. Sein Sohn Gottfried (der Bärtige) versuchte diese Machtstellung zu festigen, während der König eine Teilung in die Herzogtümer Ober- und Niederlothringen durchsetzte. Nach schweren Kämpfen hatte sich Gottfried im Sommer 1045 unterwerfen müssen und wurde in das »Staatsgefängnis« auf dem Giebichenstein (bei Halle) verbracht. Daß die Kämpfe in beiden Lothringen weitergingen, zeigte der von Utrecht aus geführte Feldzug Heinrichs III. nach Vlaardingen. Im Vorgriff sei hier schon ange-

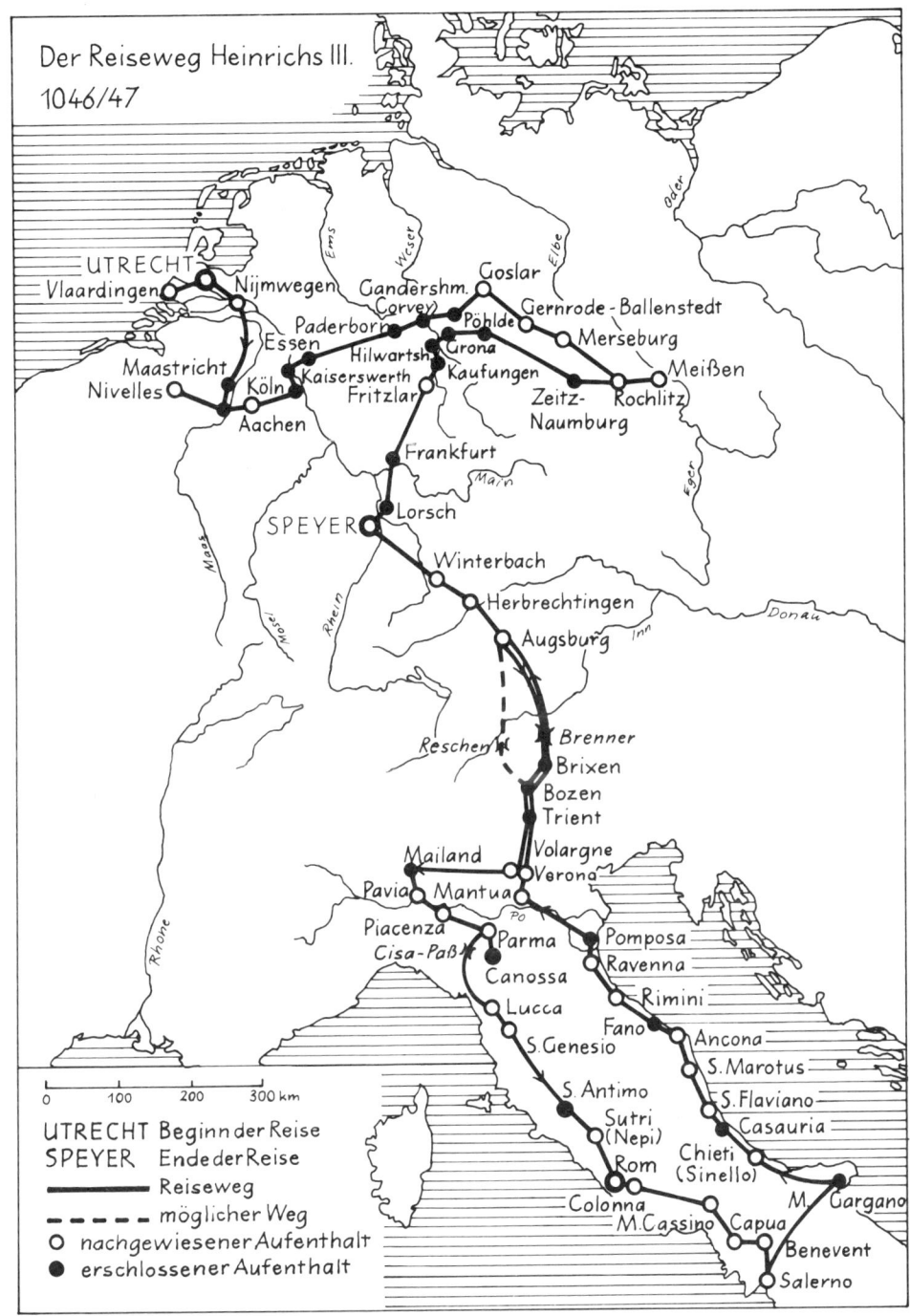

Der Reiseweg Heinrichs III.
1046/47

UTRECHT
Vlaardingen
Nijmwegen
Gandershm.
Corvey
Goslar
Gernrode · Ballenstedt
Merseburg
Paderborn
Essen
Pöhlde
Hilwartsh.
Grona
Maastricht
Kaiserswerth
Kaufungen
Meißen
Nivelles
Köln
Fritzlar
Zeitz-
Rochlitz
Aachen
Naumburg
Frankfurt
SPEYER
Lorsch
Winterbach
Herbrechtingen
Augsburg
Reschen
Brenner
Brixen
Bozen
Trient
Volargne
Mailand
Verona
Pavia
Mantua
Piacenza
Parma
Pomposa
Cisa-Paß
Canossa
Ravenna
Lucca
Rimini
Fano
Ancona
S.Genesio
S.Marotus
S.Antimo
S.Flaviano
Sutri
Casauria
(Nepi)
Chieti
Rom
(Sinello)
Colonna
M.Gargano
M.Cassino
Capua
Benevent
Salerno

0   100   200   300 km

UTRECHT Beginn der Reise
SPEYER   Ende der Reise
─────── Reiseweg
- - - - - möglicher Weg
○ nachgewiesener Aufenthalt
● erschlossener Aufenthalt

91

fügt, daß Gottfried auf dem Aachener Reichstag aus der Haft entlassen wurde und in Oberlothringen zum Herzog eingesetzt wurde, jedoch 1047 erneut an die Spitze eines Aufstandes gegen Kaiser Heinrich trat, in dessen Verlauf er Nymwegen einnahm und die dortige Pfalz in Schutt und Asche legte, was zur erneuten Absetzung Gottfrieds führte. Erst Heinrich V. ist, wenige Tage vor seinem Tod, wieder in Nymwegen nachweisbar; am Pfingstfest 1125 ist er in Utrecht gestorben.

Die Kaiserpfalz in Nymwegen wurde erst 1155 durch Barbarossa wieder aufgebaut, doch die nach dem Vorbild der Pfalzkapelle Karls des Großen in Aachen erbaute Nikolauskapelle wird der Zeit Heinrichs III. zugerechnet.

Am *4. Mai 1046* vermutet man Heinrich in der Abtei St. Gertrudis in *Nivelles* (Abb. 22). Daß er dort der Einweihung der Klosterkirche beiwohnte, bezeugt die Chronik Sigeberts von Gembloux. Da nach Nivelles eine mehrtägige Reise über Maastricht und Lüttich führte, wohl über Namur und die Abtei Gembloux bis zu dem südlich von Brüssel gelegenen Nivelles, da auch der Rückweg über Lüttich nach Aachen etwa eine Woche in Anspruch genommen hat, hat man den Aufenthalt in Nivelles auf den 4. Mai angenommen, dem Sonntag zwischen dem Aufenthalt in Nymwegen und dem nachfolgenden in Aachen. Sigebert bemerkt lediglich, die Kirche der hl. Gertrud, die wegen Vernachlässigung und eines Brandes darniederlag, sei neu aufgebaut und 1046 in Anwesenheit des Königs eingeweiht worden. Schon in ottonischer Zeit hatte man den Plan eines Neubaues gefaßt, als Adelheid, eine Verwandte Kaiser Ottos III., dort Äbtissin war. Die heutige Kirche (im Zweiten Weltkrieg stark zerstört) zeigt im Grundriß die Elemente des salischen Baues.

Durch vier Urkunden bezeugt ist der anschließende Aufenthalt Heinrichs in *Aachen* vom *18. bis 26. Mai 1046*, wo Heinrich am 18. Mai das Pfingstfest feierte und eine Reichsversammlung abhielt (Abb. 23). Die Themen wurden bereits angedeutet: Herzog Gottfried von Lothringen erbat und erhielt Verzeihung, wurde aus der Haft entlassen und erhielt Oberlothringen zurück, Niederlothringen wurde an den Grafen Friedrich von Luxemburg vergeben. Die zahlreichen Schenkungen für Utrecht sowie eine Schenkung für die bischöfliche Kirche in Metz lassen erkennen, auf wen sich der König in Zukunft in Lothringen zu stützen gedachte; eine Urkunde für das Kloster Abdinghof in Paderborn, dessen Abt in Aachen ankam, läßt vermuten, daß die Absicht des Königs noch nicht bekannt gewesen war, nach Merseburg zu ziehen. Denn auf diesem Zug würde er Paderborn berühren und dem Kloster Abdinghof Gelegenheit geben, sein Gesuch vorzubringen (Abb. 26). Man kann daher vermuten, daß der ursprüngliche Plan bestanden hatte, unmittelbar an den Mittelrhein weiterzuziehen, um sich dann nach Augsburg zu begeben. Jedenfalls ist in Aachen das Aufgebot zum Romzug ergangen, vielleicht in Verbindung mit dem Sammelgebot in Augsburg zum 8. September (Mariae Geburt). Im Vorgriff auf den Italienzug wurde in Aachen die Absetzung des Erzbischofs Widger von Ravenna ausgesprochen. Gegen Widger, vormals Domherr in Köln, ehe er den erzbischöflichen Stuhl in

Ravenna bestieg, war Anklage wegen seiner Amtsführung erhoben worden, bemerkenswert unter anderem deshalb, weil hier die kirchlichen Reformkreise Forderungen aufstellten, in denen die Themen des »Investiturstreites« anklingen: Ihr Sprecher war Bischof Wazo von Lüttich, der den König nach Aachen begleitet hat: er ist der für Aachen zuständige Diözesanbischof. Zweifellos führte der Weiterweg Heinrich von Aachen nach Köln, doch dann in einem Eilmarsch nach Sachsen, der offenbar durch die Vorgänge in Meißen notwendig wurde (Abb. 24 ff.).

Wiederum zu erschließen ist Heinrichs Anwesenheit am *10. Juni 1046* in *Ballenstedt* bei Gernrode (Abb. 30). Dort hatte der Askanier Graf Esiko um 1043 ein Kollegiatstift gegründet, das 1046 in Anwesenheit Heinrichs und seiner Gemahlin Agnes durch Erzbischof Adalbert von Bremen geweiht wurde (1123 wurde das Stift in ein Benediktinerkloster Hirsauer Observanz umgewandelt). Den Tag der Weihe, den 10. Juni, erschließt man aus einer gefälschten Urkunde Heinrichs III. zu diesem Tag, der man jedoch im Blick auf das Datum und damit das Fest der Klosterweihe Glauben schenkt. In der Tat paßt sich der Termin gut in das Itinerar des Königs ein, und damit liegt auch sein Reiseweg fest, der folglich den Harz nördlich umging. Demnach hatte das königliche Gefolge etwa 14 Tage Zeit, um von Köln aus, wohl rheinabwärts bis Kaiserswerth, sodann über Essen–Dortmund–Paderborn zu ziehen. Der Weiterweg liegt ebenfalls durch das Ziel Ballenstedt fest: er führte wohl über Corvey und Gandersheim nach Goslar, wo diesmal kein längerer Aufenthalt bezeugt ist, sodann über Wernigerode–Quedlinburg–Gernrode nach Ballenstedt (Abb. 28–30). Auch hier erhebt sich, wie bei Nivelles, die Frage, ob die Teilnahme an einer Klosterweihe nur deshalb zustande kam, weil der König ohnehin in der Nähe weilte, oder ob der Umweg von langer Hand geplant gewesen war. Was den Reiseweg im einzelnen anbelangt, so handelt es sich um einen der meistbegangenen Wege vom Niederrhein ins östliche Sachsen, wobei man auf dem nördlichen Weg allenfalls Münster oder Hildesheim einbeziehen konnte, wenn man den Harz südlich umging, die Pfalz Grona (bei Göttingen) und das häufig besuchte Pöhlde streifte. Wie die »Straßen« damals beschaffen waren, wissen wir nicht, und der Begriff »Königstraße« für diese stark begangenen und auch von Kaufleuten benutzten Strecken hat deshalb Kritik herausgefordert, weil er an eine gepflasterte, gepflegte, vielleicht auch mit Pferdewechselstationen und Rasthäusern ausgestattete, also stets befahrbare Reisestrecke denken läßt. Indessen darf man doch voraussetzen, daß dem König Nachrichtenstaffetten und »Quartiermacher« vorausgingen und daß der Weg, den er zu reiten beabsichtigte, in gutem Zustand war, soweit es die Witterung erlaubte. Von daher wird man auf diesen Standardstrecken mit hohen Reisegeschwindigkeiten rechnen können: sicherlich mehr als die Durchschnittswerte von 20 km pro Tag.

Am *24. Juni* spätestens hatte der Reisezug *Merseburg* erreicht, wobei er wohl den kürzesten Weg über Halle–Giebichenstein nahm (Abb. 31). Mit 28 Aufenthalten unter Heinrich III. ist Merseburg einer seiner bevorzugten Pfalzorte. Hier weilte er zu zahlreichen Hoftagen und Kirchenfesten. 1015 war in Merseburg unter dem Bischof und Geschichtsschreiber Thietmar der Grundstein für einen neuen Dom gelegt worden; Heinrich II. war bei der Weihe anwesend (1015) und stiftete dabei ein Altarantependium. 1042 kam es zu einer Erneuerung des Chors, der in Anwesenheit Heinrichs III. eingeweiht wurde. Das Merseburger Datum ist übrigens durch keine Urkunde überliefert, sondern durch eine chronikalische Nachricht, Heinrich habe hier das Fest der Geburt Johannes des Täufers gefeiert (24. Juni) und habe dabei die Huldigung der Herzoge von Polen, von Böhmen und von Pommern entgegengenommen, die ihm nach Meißen gefolgt seien, um dort ihren Tribut zu entrichten. In *Meißen* sei man an Peter und Paul angekommen, also am *29. Juni 1046* (Abb. 32). In der Tat liegen aus Meißen vier Urkunden vom 2. Juli vor. Dort hat der König den östlichsten Punkt der Reise erreicht, ist jedoch nur wenige Tage dort geblieben. Den Grund für die mehrmalige Anwesenheit Heinrichs in Meißen haben wir im vorhergehenden Kapitel bereits erwähnt: die Regelung der Erbschaft des Markgrafen Ekkehard von Meißen, der am 24. Januar gestorben war. Seine Nachfolge im Amt in dieser Grenzgrafschaft war ebenso wichtig wie diejenige im Lehenbesitz und im privaten Erbe des Markgrafen. Insbesondere das Bistum Naumburg erbte einen Teil seines Besitzes: es ist durch Verlegung des ottonischen Bistums Zeitz nach Naumburg entstanden, das zum Hausgut des Markgrafen Ekkehard I. gehört hatte (1028). Die im Westchor des Naumburger Doms stehenden Stifterfiguren des 13. Jahrhunderts haben mit Ekkehard und Uta die Prototypen deutscher Fürstengestalten des Hochmittelalters entstehen lassen. Die in Meißen ausgestellten Urkunden galten Bischof und Domkapitel zu Meißen. Von größter Bedeutung jedoch sind diejenigen, die am *8. Juli 1046* in *Rochlitz*, also auf der Rückreise und auf halbem Weg zwischen Meißen und Zeitz-Naumburg, ausgestellt worden sind (Abb. 33). In ihnen zeigt sich, daß Heinrich einen Teil der Güter Ekkehards in eigene Hand genommen hat, um sie dem Heiratsgut der Königin Agnes zuzuschlagen. Die der Königin übertragenen Güter liegen alle in dem Gebiet, durch das man eben gereist war, also zwischen Meißen und Rochlitz, zwischen Elbe und Mulde. Agnes verfügte damit über ein nicht unbeträchtliches Eigengut; ob sie damit zum Hausbistum der Ekkehardinger, zu Naumburg, in engere Beziehung zu treten gedachte, wäre einer genaueren Untersuchung Wert.

Der Rückweg von Rochlitz führt nach *Fritzlar* (Abb. 35), wo Heinrich am *2. August* mit einer Urkunde für das Damenkloster Hilwartshausen (bei Hann. Münden, an der Weser) bezeugt ist. Dieser kleine Umweg geht über Hilwartshausen (der direkte Weg hätte von Rochlitz über Erfurt nach Fritzlar, der noch schnellere unmittelbar nach Bamberg und dann mainabwärts nach Frankfurt geführt.) Da jedoch der Aufenthalt in Fritzlar sicher bezeugt ist, muß man in der Tat annehmen, daß Heinrich in großer Gemächlichkeit über Naumburg–Querfurt–Allstedt zum Südrand des Harzes gefahren ist, wo er in Pöhlde und Grona (b. Göttingen) verweilte. Von dort aus mag er Hilwartshausen besucht haben; auch Kaufungen bei Kassel ist als Kurzaufenthalt möglich (Abb. 34), da es ja offensichtlich um Fragen ging, die das Ausstattungsgut der Königin, also ihre wirtschaftliche Sicherstellung, betrafen, ehe man den Italienzug antrat (Kaufungen hatte, wie bereits erwähnt, der Kaiserin Kunigunde gehört).

Am *23. August 1046* findet sich Heinrich in *Speyer* ein (Abb. 37). Man muß also auch in diesem Fall eine gemächliche Reise oder einen längeren Zwischenaufenthalt an unbekannter Stelle annehmen. Der Weg von Fritzlar nach Frankfurt läßt verschiedene Möglichkeiten zu, und auch die Weiterreise nach Süden kann auf der üblichen Strecke über Mainz und Worms, aber ebensogut rechtsrheinisch entlang der Bergstraße bewältigt werden, was deshalb naheliegt, weil offenbar die Abtei *Lorsch* einbezogen wurde. In Speyer jedenfalls wird an den Lothringen-Aufenthalt angeknüpft, da erst hier die Urkunden für das Bistum Utrecht ausgefertigt wurden. Die lothringischen Partner haben daher die Sachsenreise nicht mitgemacht, sondern sind erst in Speyer wieder auf den König gestoßen. Im übrigen tragen auch die Speyerer Urkunden den Stempel des kommenden Italienzuges. Denn die vielen erst in Augsburg ausgefertigten Urkunden für das Speyerer Domkapitel, lauter Schenkungen an verschiedenen Orten, gelten der königlichen Grabkirche und sind für das Totengedächtnis der Eltern und auch der ersten Gemahlin Heinrichs, der im Kloster Limburg (Abb. 12) begrabenen Königin Gunhild (Kunigunde), bestimmt beziehungsweise gelten dem Seelenheil des lebenden Königspaares. Man hat also vor der Romfahrt, von der man nicht wußte, ob man lebend zurückkehren würde, die für die Totensorge erforderlichen Maßnahmen ergriffen, und insofern ist auch die zum selben Zweck beurkundete Schenkung an Naumburg nochmals erwähnenswert, das offenbar als Grabkirche der Königin Agnes in Frage kam.

Lang kann der Aufenthalt in Speyer nicht gewesen sein, denn auf der Weiterreise, am *28. August 1046* in *Winterbach* (Abb. 38), wurde noch eine Urkunde für Kloster Lorsch nachgeholt, die eigentlich noch in Speyer hätte ausgefertigt werden sollen. Doch die Zeit drängte, wenn man fristgemäß in Augsburg sein wollte: offenbar hatte man auf dem Rückweg von Sachsen Zeit verloren, etwa durch eine Erkrankung, die nun hereingeholt werden mußte.

Winterbach ist ein kleiner, zum salischen Hausgut bei Waiblingen gehöriger Ort im Remstal, doch scheint der dortige Hof das Zentrum der dortigen Verwaltung gewesen zu sein, denn zwei Jahre später urkundete Heinrich III. erneut in Winterbach, und 1080 wurde es, zusammen mit Waiblingen, an das Bistum Speyer geschenkt. Auf dem Wege durch den Kraichgau, über Mühlacker und Vaihingen, überquerte man den Neckar bei Cannstatt, zog ein Stück weit durch das Remstal, wo Winterbach in der Tat ein günstiger Etappenort war. Von Schorndorf aus mag der Weg nach Ulm weitergegangen sein, eine das Innere Schwabens diagonal durchquerende Strecke, die erst in salischer Zeit Bedeutung erhielt, als der Salierbesitz im Remstal die Möglichkeit für Aufenthalte bot, wenn auch auf diesem noch nicht ausgebauten Weg nur für kurze Zeit. Wahrscheinlich ist ein Aufenthalt in *Herbrechtingen* (bei Heidenheim) hier einzuordnen, von wo aus man nach Augsburg gelangt, ohne Ulm berühren zu müssen, das in der Tat nicht erwähnt ist.

Spätestens am *7. September 1046* traf man in *Augsburg* ein, einem Sonntag, und man nimmt an, daß am darauffolgenden Fest von Mariae Geburt das Heer sich versammelte, das wohl traditionsgemäß auf dem Lechfeld gemustert wurde (Abb. 39, 65). Vom 7. bis zum 10. September wurden in Augsburg die bereits erwähnten Urkunden für Speyer und Naumburg ausgestellt, ehe sich das Heer in Richtung Süden in Bewegung setzte. Wann es in Verona eintraf, wo man erneut das Heer musterte, das unterwegs weiteren Zuzug erhalten haben wird, weiß man nicht, doch sollte man für die Alpenüberquerung im schneearmen September mit einem großen Heer etwa 14 Tage rechnen. Für die Alpenüberquerung gab es mehrere Möglichkeiten. Man erreichte über den Fernpaß oder über die Scharnitz das Inntal, um dann über den Brenner nach Brixen und über die Rittenstraße nach Bozen zu ziehen (Abb. 40). Oder man bediente sich von Imst aus des Reschenpasses und zog durch den Vintschgau. Beide Wege vereinigten sich bei Bozen, von wo man über Trient und durch die Veroneser Klause nach Verona reiste. Begangen wurden beide Strecken. Der Brenner war wohl die üblichere Straße, die jedoch nicht im Eisacktal den Flußweg entlangführte, sondern von Brixen aus über die Höhen des Ritten, um erst bei Bozen ins Tal hinabzugehen. Bei einem großen Heer, wie es Heinrich III. mit sich brachte, darf man annehmen, daß man sich geteilt und beide Wege benutzt hat, ehe man sich in Verona wieder sammelte.

An dieser Stelle ist etwas über die Planung einer Italienreise zu sagen. Heinrich III. war, zusammen mit seinem Vater, schon einmal in Italien gewesen (1037/38). Damals war man kurz vor Weihnachten aufgebrochen, also doch wohl zu spät im Jahr, kam zeitlich in Verzug und gelangte auf dem Rückweg in die Sommerhitze, die viele Opfer kostete, darunter Heinrichs Gemahlin Gunhild. Diesmal plante man sehr präzis. Die Abreise am 8. September war für die Überquerung der Alpen ideal, eine Herbstreise durch Italien bei angenehmen Temperaturen. Zu Weihnachten wollte man in Rom sein, die Rückreise ins Frühjahr legen, so daß man vor Einbruch der heißen Jahreszeit wieder nach Deutschland zurückkehren konnte. An diesen Plan hat man sich – trotz einer unterwegs erfolgten Entbindung der Königin und einer Krankheit Heinrichs – gehalten. Offenbar hat Heinrich aus den Erfahrungen gelernt.

Man darf den König also *Ende September* in *Verona* erwarten (Abb. 41), wo jedoch, wie auch an den nächsten Aufenthaltsorten, keine Urkunden ausgestellt wurden. Dort trafen die Nachrichten von einem Aufstand in Ungarn ein, die jedoch den Fortgang des Romzugs nicht gefährdeten. Sicher scheint die Ankunft des Heeres am *24. Oktober 1046* in *Pavia* zu sein, der alten langobardischen Metropole und Hauptstadt Reichsitaliens (Abb. 42). Die Bürger von Pavia hatten von sich reden gemacht, als sie auf die Nachricht vom Tode Heinrichs II. 1024 den alten Kaiserpalast in der Stadt, der noch auf den Ostgoten Theoderich zurückging und auch unter den Sachsenkaisern als Königsresidenz diente, gestürmt und niedergerissen hatten. Mit dieser Maßnahme gegen das deutsche Königtum haben die Pavesen zu ihrer eigenen Entmachtung beigetragen, denn ihre vormalige Stellung hat die Stadt nicht wieder erlangt. Heinrich residierte außerhalb der Stadtmauern, im Kloster San Pietro in Ciel d'Oro, im »Kloster des hl. Petrus im goldenen Himmel«, so könnte man es übersetzen, einem der ehrwürdigsten Klöster aus langobardischer Zeit. 1046 wurde Pavia Schauplatz einer Kirchensynode, zu der sich nahezu der ganze Episkopat Oberitaliens einfand. Auch von den deutschen Bischöfen waren viele anwesend, aus Süddeutschland der Erzbischof von Salzburg, die Bischöfe von Regensburg, Konstanz, Brixen und Chur, die rheinischen Bischöfe von Worms und Speyer und, besonders zu erwähnen, Gebhard von Eichstädt und Suidger von Bamberg und andere, darunter auch Eberhard von Naumburg. Die Themen der Kirchenreform klingen an. Heinrich erließ ein Dekret gegen die Simonie, also den Mißbrauch, kirchliche Ämter mit Geld zu erkaufen: eine der künftigen Zentralfragen. Noch war der König der unumschränkte Richter auch in kirchlichen Angelegenheiten, wie dies bald darauf in Sutri erneut offenbar werden sollte. Am 28. Oktober feierte Heinrich in Pavia das Fest der hl. Simon und Juda und damit seinen eigenen Geburtstag, also ein mit seiner Person eng verbundenes Heiligenfest. Ob man auf den ronkalischen Feldern südlich von Pavia noch einmal eine Heerschau vornahm, darüber weiß man nichts.

Heinrich III. hat sich in den darauffolgenden Tagen um den *1. November* in *Piacenza* aufgehalten (Abb. 43). Dies wissen wir aus einer Bemerkung in der Chronik Hermanns des Lahmen, der berichtet, Heinrich sei dort mit Papst Gregor VI., dem Erzpriester Gratianus von S. Giovanni a Porta Latina, zusammengetroffen, den der König mit allen Ehren empfangen habe. Diese Notiz des Reichenauer Chronisten hat erst durch eine bemerkenswerte wissenschaftliche Entdeckung an Tiefe und Bedeutung gewonnen, wonach Heinrich und der Papst im Nekrolog des Klosters San Savino zu Piacenza eingetragen wurden. Dort findet sich also eine Art von Gästebucheintrag des Königs und des ihm aus Rom entgegengekommenen Papstes, ein Eintrag, der jedoch mit einer feierlichen liturgischen Handlung in Piacenza verbunden war. Man hat vermutet, daß auch Abt Maiolus von Cluny bei diesem Zusammentreffen dabei war und daß dieses am Allerseelentag (2. November) stattgefunden hat, einem damals von Cluny propagierten kirchlichen Fest. Doch veranlaßt war das »Gipfeltreffen« von Bischof Guido von Piacenza, einem Verwandten der Königin Agnes, der damals den dortigen Bischofsstuhl bestiegen hat und der einen Monat später in Rom die Bischofsweihe empfing. Wie wichtig es war, geht aus

97

den nachfolgenden Ereignissen hervor, die ja mit der Absetzung aller drei Päpste und damit auch Gregors endeten. Sein Kaplan Hildebrand hat ihn ins Exil über die Alpen geleitet, vielleicht nach Köln, wo er gestorben ist, während Hildebrand später unter demselben Papstnamen, als Gregor VII., in sein Reformwerk eintrat. Von Gregor VI., einem offenbar untadeligen Mann und Angehörigen der römischen Reformkreise, soll hier nur insoweit die Rede sein, als mit ihm in Piacenza Gespräche geführt wurden, die danach in Sutri wieder aufgenommen wurden und zur Absetzung des Papstes geführt haben, dem der deutsche König jedoch in Piacenza mit Ehrfurcht, jedenfalls nicht als Feind entgegentrat. San Savino, eines der alten Klöster innerhalb der Mauern von Piacenza, hat seit Otto III. mehrere Königsurkunden erhalten, zuletzt auch von Heinrich III. im Jahr 1048. Es war eines der im 11. Jahrhundert und später stark besuchten Pilgerhospize auf der Frankenstraße nach Rom; die Kirche vermittelt noch heute den Raumeindruck des ausgehenden 11. Jahrhunderts.

Aus *Parma*, der nächsten Reisestation Heinrichs, wo er um den *10. November* gewesen ist, erfährt man eine Geschichte, die deshalb erzählenswert ist, weil sie nach Speyer weist. Im Frühjahr war in Parma der Abt Guido von Pomposa gestorben, ein eifriger Reformer und Streiter gegen die Simonie, den auch Heinrich III. hochgeschätzt hat. Man sah in ihm einen Heiligen, dessen Reliquien die Bürger von Parma, wo er bei seinem Tode gewesen war, für sich behalten wollten, was den Widerstand der Mönche von Pomposa hervorrief. Heinrich entschied diesen Streit, indem er den Körper des Heiligen zunächst nach Verona bringen und in St. Zeno niederlegen ließ. Auf der Rückreise führte er ihn nach Speyer mit, um dort über seinen Reliquien die Kirche St. Guido erbauen zu lassen. Diese Episode ist nicht nur des Itinerars wegen wichtig. Vielmehr zeigt sie den deutschen König als Richter auf seinem Weg nach Rom. Sie verweist aber auch auf die Probleme, die damals, zwischen Pavia, Piacenza und Sutri, die Gemüter erregt haben. Hauptthema war erneut dasjenige der Simonie, und selbst gegen Papst Gregor VI. war der Verdacht geäußert worden, er habe bei seiner Wahl mit Geld nachgeholfen. Bischof von Parma war schon damals mit Kadaloh einer der mächtigsten kaisertreuen Reichsbischöfe Italiens, aus dem Adel Veronas stammend, der wenig später den Grundstein zu einem mächtigen Dombau in seiner Bischofsstadt gelegt hat. 1061 ist er auf Vorschlag des deutschen Königs zum Papst erhoben worden, konnte sich jedoch gegen Alexander II. nicht durchsetzen, mit dem wir den Bogen nach *Lucca* schlagen, dem nächsten Itinerarort vom *25. November 1046*, diesmal urkundlich bezeugt. Die Straße dorthin ist uns durch das ganze hohe und späte Mittelalter hindurch bekannt; sie führte über Fornovo und Bardone durch das Tal des Taro, um bei Berceto zum Cisa-Paß und damit auf 1000 Meter über dem Meer hinaufzusteigen, ein durch Klöster und Pilgerhospize gut erschlossener Weg über den Appenin, regulärer Reiseweg für alle Rompilger und natürlich auch für die Truppen des deutschen Königs. Er führte durch das Gebiet der

Markgrafen von Canossa, auch wenn deren hochgelegene Burg etwa 30 km südlich von Parma in unnahbarer Abgeschiedenheit und abseits aller Heerstraßen lag (Abb. 44). Dort vereinigte Markgraf Bonifatius von Tuszien eine ungeheure Machtfülle auf sich. Sein rücksichtsloses machtpolitisches Spiel freilich geht Hand in Hand mit einer tiefen Religiosität im Sinne der kirchlichen Reformkreise, die ihn auch in enge Verbindung mit dem eben erwähnten Abt Guido von Pomposa brachte. Seine Beziehungen zum deutschen König wechselten; im Jahr 1046 scheint er ihm eher ferngestanden zu haben, und man weiß nicht, ob er ihn auf dem Weg nach Rom begleitet hat, wo Bonifatius jedoch anwesend war.

Jenseits des Cisa-Passes (Abb. 45) führte der komplizierte Weg über Pontremoli hinab zur Küste und, zwischen Küste und Gebirgsrand, vorbei an der alten, inzwischen durch Sarazenen zerstörten Bischofsstadt Luni, in das Mündungsgebiet des Serchio und damit nach Lucca, den Hauptort der Toskana (Abb. 46). Bischof in Lucca war Johannes, ein den Reformkreisen zugehöriger Kleriker aus Mailand wie sein Nachfolger Anselm, der 1057 Bischof und 1061 Papst wurde (Alexander II.). Die Urkunde, die Heinrich III. am 25. November in Lucca ausstellte, war für das dortige Kanonikerstift San Frediano bestimmt, eine Stiftung zugunsten eines deutschen Ritters namens Sigiboto, dessen Vater Diemar offenbar vor Jahren in Lucca verstorben und in San Frediano begraben worden war. Demnach ist in Lucca zwar eine Schenkungsurkunde, aber kein feierliches königliches Privileg für das Bistum oder eines der großen Klöster im Stadtbereich ausgestellt worden. Offenbar hat es bis dahin in Italien keine Interessenten gegeben, die ihre Rechte vom deutschen König verbrieft sehen wollten. Sehr lange wird sich der König auch in Lucca nicht aufgehalten haben, wo die alte Königspfalz in der Nähe des Doms St. Martin nicht mehr zu seiner Verfügung stand: auch der Dom selbst ist übrigens einige Jahre später einem Neubau gewichen. Vielmehr gab es außerhalb der Mauern die ehemalige Herzogspfalz, die nun vom durchziehenden König genutzt werden konnte, der, wie wir es schon in Pavia sahen, aus der Stadt hatte weichen müssen.

Am *1. Dezember* trifft man Heinrich in *Borgo San Genesio* (Abb. 47). Diese Kirche und der dazugehörige Ort sind heute verschwunden, doch in staufischer Zeit ist dort um die Kirche San Miniato eine hochgelegene Festungsanlage entstanden, die unter dem Namen San Miniato al Tedesco bekannt ist: der Sitz der staufischen Reichsverwaltung in der Toskana. Ehe man diesen Ort erreichte, passierte die Frankenstraße das – heute trockene – Gebiet um den See bei der Abtei Sesto und überquerte bei Fucecchio die Sumpfniederung des Arno, eine in den heißen Sommermonaten berüchtigte Gegend, in der nicht selten die Rompilger vom Fieber der Malaria erfaßt wurden. Das Hospital von Altopascio nahm die Kranken auf, ein dem hl. Jakobus geweihtes Kloster, das später zu großem Reichtum kam und das zum Zentrum einer eigenen Kongregation wurde.

In San Genesio wurde erstmals ein Privileg für ein Benediktinerkloster ausgestellt, die Abtei S. Maria und Benedikt zu Prataglia im Casentino (unterhalb des Mandriola-Passes und unweit von Camaldoli). Die Urkunde für Prataglia ist eine Bestätigung älterer Königsurkunden, zugleich die erste uns erhaltene Schutzurkunde, die der deutsche König auf dieser Reise ausgestellt hat. Erst in Rom und nach der Kaiserkrönung sind weitere Stücke ausgefertigt worden: für S. Pietro bei Perugia, für Camaldoli, für das nördlich von Arezzo liegende Capolona, für das Salvatorkloster in Settimo (bei Signa, westlich von Florenz) und schließlich auch für das Domkapitel von Arezzo. Bischof Immo von Arezzo, 1037 erhoben, haben wir im Zusammenhang mit der Königin Gunhild schon kennengelernt: er hatte am deutschen Königshof seine Ausbildung erhalten und ist dem König wohl mit besonderer Zuneigung entgegengekommen. Dies alles bildet den Auftakt für die weltgeschichtlichen Ereignisse, die sich am *20. Dezember 1046* in *Sutri* abspielten.

Über den Fortgang der Reise nach Sutri weiß man nichts, doch zwischen dem 1. und 20. Dezember hatte man fast drei Wochen Zeit, sich in aller Ruhe weiterzubewegen: über San Gimignano und Siena, vorbei an den Abteien Marturi und Isola, Sant'Antimo (Abb. 48) und Montamiata, vorbei am Bolsener See und über Viterbo, den Soracte passierend, und nach Sutri zum Eliaskloster von Nepi, wo man programmgemäß eintraf (Abb. 49). Im Dom zu Sutri fand jene Synode statt *(21. Dezember)*, bei der Papst Gregor VI. den Vorsitz führte und zu der auch sein Gegenpapst Silvester III. herbeigekommen war. In einem geordneten Verfahren wurde er angehört und schließlich seiner päpstlichen Würde verlustig erklärt, ehe sich auch Gregor von allen Vorwürfen der Simonie zu reinigen hatte. Es scheint, daß Gregor, der sich schuldlos fühlte, freiwillig abgedankt hat, und schließlich wurde auch der dritte Papst, Benedikt IX., der nicht in Sutri erschienen war, abgesetzt. Dies machte den Weg für eine Neuwahl frei, die nun ganz vom deutschen König bestimmt wurde. Bischof Suidger von Bamberg, der mit Heinrich zusammen angereist war, wurde am *24. Dezember* in *Rom* zum Papst gewählt und als Clemens II. am Weihnachtstag geweiht und inthronisiert: gleich danach empfing Heinrich III. aus seinen Händen die Kaiserkrone (Abb. 51/52). Man kann sicher sein, daß dieser feierliche Akt am Geburtsfest Christi, dem höchsten Fest des Jahres, lange vorher geplant gewesen war und daß man sich auch der Tradition und des Bezugs zur Kaiserkrönung Karls des Großen bewußt gewesen ist. Mit der Krönung in St. Peter nahm Heinrich Besitz von der Stadt Rom. Im Schmuck der kaiserlichen Insignien begab er sich zum Lateranpalast und nahm dort die Huldigung der Römer entgegen, die ihn als Patrizius der Stadt Rom anerkannten. Heinrich III. stand auf dem Höhepunkt seiner Macht, als Herr und Richter selbst über die Kirche war er in der Lage gewesen, auch das Papsttum gleich einem Reichsbistum nach seiner Vorstellung zu besetzen. Die weltlichen und kirchlichen Gegner der späteren Jahre, die dann seinem Sohn dieses Recht konsequent bestritten haben, sind am Weihnachtstag des Jahres 1046 dabeigewesen: Petrus Damiani, Erzbischof Halinard von Lyon und wohl auch

der Mönch Hildebrand, der den abgesetzten Gregor VI. nach Deutschland begleitete, der spätere Papst Gregor VII. Mehr soll im Rahmen dieses Itinerarkapitels über
diese weltgeschichtliche Situation nicht gesagt werden, mit der zugleich, nach
damaliger Kalendergewohnheit, das Jahr 1046 endete. Am *1. Januar 1047* findet man
den Kaiser in *Colonna* bei Frascati, also im Gebiet des mächtigsten stadtrömischen
Geschlechts der Tusculaner, denen Heinrich auf diese Weise seinen Erfolg und seine
imperiale Macht vor Augen führte.

Es gab in Rom weitere personalpolitische Entscheidungen, die aus deutscher Sicht
erwähnenswert sind: Bischof Guido von Piacenza, ein Verwandter der Kaiserin
Agnes, wurde in Rom geweiht, der Straßburger Domherr Hunfried, ein Schwabe,
zum Erzbischof von Ravenna bestellt. An die Stelle des in Rom am Weihnachtstag
gestorbenen Bischofs Eberhard von Konstanz trat mit Theoderich ein Mitglied der
königlichen Kanzlei, und gemeinsam mit dem neuen Papst betrieb er die Heiligspre-
chung der St. Galler Klausnerin Wiborada, die am 2. Mai 926 während der Ungarneinfälle ins Bodenseegebiet umgebracht worden war. Die Probleme, die man jenseits
der Alpen hinter sich gelassen hatte, wirkten auch nach Italien: vielleicht hoffte man,
des Ungarnaufstandes durch die Fürsprache einer Heiligen Herr zu werden, die den
Ungarn zum Opfer gefallen und dadurch zur Märtyrerin geworden war. In Straßburg war übrigens Bischof Wilhelm gestorben, der Verwandte des Königs, den wir in
einem eigenen Kapitel kennengelernt haben, und auch er erhielt in Rom in dem
Propst Hermann von Speyer einen Nachfolger. Ob Kaiser Heinrich am 5. Januar an
einer römischen Synode des neuen Papstes teilgenommen hat, ist nicht bekannt. Es
hat vielmehr den Anschein, daß er in der Umgebung von Rom einen kleinen Feldzug
unternahm und seine Gegner, den römischen Adelsclan der Tusculaner, in ihren
Burgen belagerte, um sie zur Anerkennung seiner Würde zu zwingen. Lange kann
diese Strafexpedition nicht gedauert haben, denn *Ende Januar* erschien er in der
Abtei *Montecassino*, für die er am *3. Februar 1047* in *Capua* eine Schutzurkunde
ausstellen ließ.

Hermann, der Chronist der Reichenau, erzählt uns einige bemerkenswerte Details
über den Weitergang der Reise. In Rom habe man einen Teil des Heeres entlassen, da
man offensichtlich mit friedlichen Verhältnissen gerechnet hat, und so sei man auch
nicht in der Lage gewesen, in Benevent mit Waffengewalt einzuschreiten, als sich
dort die Bürger der Stadt dem Kaiser widersetzten. Ferner habe dieser die Kaiserin
von Rom aus nach Norden geschickt, da sie schwanger war. Sie ist also nicht in
Montecassino gewesen. Und schließlich sei auch die Mutter der Kaiserin, Agnes von
Poitou, zum Monte Gargano gereist, von wo aus sie später nach Benevent zurückgekehrt sei. Man kann also vermuten, daß ein Teil des nach Norden abziehenden
Heeres und mit ihm die Damen des Hofs Gelegenheit nahmen, den Rückweg über
das berühmte Michaelsheiligtum am Monte Gargano einzuschlagen, von wo aus man
die bequeme Küstenstraße nach Norden nehmen konnte. Heinrich hingegen ließ sich

in Montecassino feiern, wo damals noch Richer, ein Deutscher aus dem bayerischen Kloster Niederaltaich, Abt war. Unter ihm bereitete sich die größte Periode des Benediktinerklosters vor, das unter Abt Desiderius, dem späteren Papst Viktor III., seinen Höhepunkt erleben sollte (Abb. 53).

Die Weiterreise nach Capua – die dort gelegene Kirche S. Angelo in Formis wurde erst zwei Jahrzehnte später Priorat von Montecassino und erhielt seinen noch heute erhaltenen Bilderschmuck – hat verschiedene Beweggründe (Abb. 54). Die Fürstentümer von Capua, Benevent und Salerno sollten neu geordnet und ihr Verhältnis zu den in ihrem Gebiet immer stärker Fuß fassenden Normannen sollte geregelt werden. Dies geschah auch zum Schutz der bedeutenden Klöster wie Montecassino und der Vinzentiusabtei am Volturno, die unter den Übergriffen beider Teile zu leiden hatten. In Capua ging zunächst auch alles gut, und dort hat Montecassino sein großes Schutzprivileg erhalten, mit dem wir endlich auch wieder ein festes Tagesdatum haben, den 3. Februar. In *Benevent* kam es zum schon erwähnten Widerstand der Stadt, den der Kaiser mit den ihm zur Verfügung stehenden Truppen nicht brechen konnte. Und man vermutet, daß Heinrich auch in *Salerno* weilte, wo Papst Clemens dafür sorgte, daß der neu gewählte Erzbischof Johannes auf korrekte Weise – und ohne daß der Vorwurf der Simonie erhoben werden konnte – eingesetzt wurde: Das Thema des Kampfes gegen die Simonie bestimmte die gesamte Reise Heinrichs. Am *1. März* urkundet Heinrich am Flusse *Sinello* für das Kloster S. Giovanni in Venere, ein auf einem antiken Venusheiligtum erbauten Kloster des 8. Jahrhunderts. Der Sinello ist ein Flüßchen, das nördlich von Vasto, zwischen Termoli und Pescara, ins Meer mündet; das Johanneskloster liegt einige Kilometer nördlich davon, bei Fossacesia. Dort befand man sich also auf schneller Durchreise, und in der Tat ist ja nach dem Aufenthalt in Capua, der Belagerung von Benevent und der Synode von Salerno wenig Zeit, um durch die Abruzzen an die Adria zu gelangen. Zudem sei man, so heißt es, durch Regengüsse aufgehalten worden, und so wird man wohl den kürzesten Weg durch die Berge genommen haben: über Foggia und vielleicht ebenfalls mit dem Abstecher zum Monte Gargano und von dort aus die Küstenstraße entlang (Abb. 56).

Auch die nächsten Orte sind nur ungenau angegeben: Am *13. März ad sanctum Flavianum*. S. Flaviano ist das heutige Giulianova nördlich von Pescara, und die Urkunde, die man dort ausstellte, galt dem berühmten Kloster Casauria (bei Pescara), das dem Papst Clemens I. geweiht war (Abb. 57). Ob sein Nachfolger, der sich den gleichen Namen gegeben hatte, 1047 in Casauria dabei war, weiß man nicht. Doch ist anzunehmen, daß man dort einige Tage verweilte, ehe man den weiteren Heimweg antrat. Am *21. März* ist man *ad sanctum Marotum* bezeugt, das in der Nähe von Fermo gesucht wird, falls man nicht doch annehmen will, daß der Kaiser einen Abstecher in die Berge nach Camerino gemacht hat, wo es einen Ort S. Maroto gibt und wo auch die Salvatorkirche in Tolentino liegt, die Heinrich damals privilegierte. Dort hat Heinrich Gericht abgehalten, und eine darüber ausgestellte Urkunde trägt seine Unterschrift (Abb. 58). In einem etwas späteren Diplom ist sie wohl eigenhändig – wie folgt:

Wiederum geht es in gemächlichem Tempo weiter. Am *30. März* werden in *Ancona* (Abb. 59), am *31. März* in *Fano*, eine Tagesreise weiter, am *3. April* in *Rimini* Gerichtstage abgehalten und Urkunden ausgestellt (Abb. 60). Spätestens am *7. April* war man in *Ravenna* angelangt, wo, wie Hermann der Lahme berichtet, die Kaiserin Agnes weilte, die eine Tochter gebar (Judith, die spätere Gemahlin König Salomons von Ungarn). Man wird nicht fehlgehen, wenn man Heinrichs Privileg für die Abtei Pomposa hiermit in Verbindung bringt, das eine Tagesreise nördlich von Ravenna gelegen ist (Abb. 61). Den Streit um die Reliquie des wundertätigen Abtes und Reformers Guido von Pomposa hatte Heinrich in Parma vorläufig geschlichtet, indem er die Reliquien nach Verona verbringen ließ, und man darf vermuten, daß Agnes in Pomposa zu Gast war (Hermann schreibt »bei Ravenna«), um dort ihr Kind zur Welt zu bringen. Die Reise war offenbar so bemessen, daß der Kaiser zum mutmaßlichen Geburtstermin bei seiner Gemahlin eintreffen sollte. Es hätte ja auch ein Prinz, der erhoffte künftige König, sein können, den man dann an Ostern in Ravenna vorzustellen gedachte: Ostersonntag war am 19. April. Wer in Ravenna anwesend war, dies erfährt man aus einem Placitum, einer Gerichtsurkunde Heinrichs, der am 7. April in der Pfalz zu Ravenna Königsgericht abhielt. Insbesondere die oberitalienischen Bischöfe scheinen alle anwesend gewesen zu sein, aber auch die weltlichen Großen der Umgebung.

Nach der Chronik Hermanns verbrachte Heinrich Ostern schon in *Mantua* (Abb. 62). Bis zum *1. Mai* jedenfalls ist er dort bezeugt. Dies geschah nicht freiwillig. Heinrich ist in Mantua erkrankt, sei es, weil er seinem ohnehin kränklichen Körper zuviel zugemutet hatte, sei es an einem akuten Leiden; wir wissen es nicht. Doch hat er die Reise ausgerechnet in der Stadt seines Widersachers Bonifatius von Tuszien für mehrere Wochen unterbrechen müssen und ist, vielleicht zum ersten Mal bei diesem Unternehmen, gezwungen worden, von dem vorgesehenen Plan abzuweichen. Immerhin arbeitete die Kanzlei weiter und stellte Urkunden aus: für die Domkirche in Parma unter Bischof Kadaloh, für Bischof und Domkapitel zu Ferrara, Turin, Bergamo und Treviso, die sich nun, wo Heinrich wieder in Oberitalien war, erneut einfanden und sich diejenigen Privilegien erteilen ließen, die sie ein halbes Jahr zuvor verschmäht hatten oder aufschoben, da ihnen die Privilegien des Kaisers mehr wert waren als diejenigen des deutschen Königs. Auch ein Deutscher aus dem Breisgau namens Megingod hat in Mantua übrigens eine Urkunde erhalten, zusammen mit einer Besitzung, die später an das Schwarzwaldkloster St. Blasien übergegangen ist. In diesem Archiv hat sich die Urkunde erhalten. Doch ist sicher nicht nur dieses eine Stück ausgestellt worden. Denn jetzt, wo sich die Reise dem Ende zuneigte, mußten diejenigen belohnt werden, die sich besondere Verdienste beim Italienzug erworben hatten. Worin diese im Falle Megingods bestanden, sagt die Urkunde nicht.

Überhaupt ist auffallend, wie viele Urkunden jetzt, in den letzten Tagen des Italienaufenthaltes, noch ausgestellt wurden: vier davon am *8. Mai* in *Volargne* (Abb. 63). Dieser Ort liegt am südlichen Eingang in die Veroneser Klause (Abb. 64) und deutet darauf hin, daß der Kaiser in Verona selbst nicht geblieben ist, auch wenn er den Bürgern und dem Zenokloster reiche Privilegien erteilt hat. Verona war und blieb der Schlüsselpunkt jeder Italienreise, und der bischöfliche Stadtherr wie die Bürger wußten, daß auch ein mächtiger und erfolgreicher Kaiser auf ihr Wohlverhalten angewiesen war. Gab es Konflikte mit der Stadt, so konnte dies ein ganzes Unternehmen blockieren oder gar zum Scheitern bringen. Hier spätestens ist der Entschluß gefallen, die Reliquien Guidos von Pomposa mit nach Deutschland zu nehmen: es wurde erzählt, Heinrich habe seine Heilung von seiner Krankheit – vielleicht auch die glückliche Niederkunft der Kaiserin – der wirkungsvollen Fürsprache des neuen Heiligen zugeschrieben. Schon am *11. Mai* ist man im Tridentino, in der Umgebung von *Trient*, und dort wird zum letzten Mal ein italienischer Empfänger mit einem Privileg ausgestattet: das Domkapitel zu Padua.

Der Schluß ist schnell erzählt: an Himmelfahrt *(28. Mai)* war man wieder in *Augsburg,* Pfingsten, zehn Tage danach *(7. Juni)* feierte man in *Speyer* (Abb. 65, 66). Diese schnelle Rückkehr – in knapp vier Wochen von Verona nach Speyer – zeigt noch einmal den Zeitablauf der ganzen Reise: offensichtlich lag der Ankunftstermin in Speyer zum Pfingstfest und der damit verbundene Fürstentag seit langem fest, und Heinrich mußte den Rückstand einholen, den ihm seine Krankheit in Mantua aufgezwungen hatte. Nur in Augsburg gab es einen Zwischenhalt, denn dort war gerade Bischof Eberhard gestorben, und der Kaiser ließ seinen Kanzler Heinrich, der mit ihm die ganze Italienexpedition mitgemacht hatte, als neuen Bischof in Augsburg zurück. In Speyer aber fand nun endlich der hl. Abt von Pomposa seine Ruhe: die Johanneskirche, in der er beigesetzt wurde, führt seitdem den Namen St. Guido.

Unser Reisebericht schließt daher mit gutem Grund in Speyer: es war eine Heimkehr an denjenigen Ort, wo der Kaiser seinen verstorbenen Eltern begegnete und ihnen Rechenschaft ablegen konnte über ein Unternehmen, das genau so verlaufen war, wie er es geplant hatte. Vielleicht ist damals – wenn nicht schon im Jahr zuvor – das prächtige Evangeliar an Bischof Sigibodo von Speyer ausgehändigt worden, in dem König und Königin der Gottesmutter als Patronin des Speyerer Bistums huldigten. Das Widmungsbild (Abb. 4, 5) zeigt die beiden in der Gebärde tiefster Devotion vor Gott und seiner Kirche, eine Haltung, die diesen machtvollsten aller deutschen Könige beseelte und die sein ganzes Denken und Handeln bestimmte.

Hauptquellen zum Reiseverlauf

Hermann von Reichenau, Chronicon, bearb. von R. BUCHNER, in: Quellen des 9. und 11. Jahrhunderts zur Geschichte der hamburgischen Geschichte und des Reichs (Darmstadt 1978), S. 617 ff., insbes. S. 681 ff.

Literatur

E. STEINDORFF, Jahrbücher des deutschen Reichs unter Heinrich III. Bd. 1 (Leipzig 1874, Neuaufl. Darmstadt 1963), S. 294–335 und S. 456–510, in der Beurteilung der politischen Ereignisse überholt; vgl. zuletzt G. TELLENBACH, Die westliche Kirche (wie S. 19), S. 120 ff.

Ernst MÜLLER, Das Itinerar Kaiser Heinrichs III. 1039–1056 (Berlin 1901).

H. J. RIECKENBERG, Königsstraße und Königsgut in liudolfingischer und frühsalischer Zeit, 919–1056 (Aufsatz 1941, als Buch 1956).

W. GOEZ, Von Pavia nach Rom (Köln 1972, ²1976).

N. OHLER, Reisen im Mittelalter (München 1986), die beiden zuletzt genannten Werke ohne Belege.

E. MÜLLER-MERTENS, Reich und Hauptorte der Salier, in: Die Salier und das Reich Bd. 1 (wie S. 19), S. 139–158.

J. DAHLHAUS, Zu den Anfängen von Pfalz und Stift Goslar, ebd., Band 2, S. 373–428.

Kindheit und Jugend des Königs. Heinrich IV. 1050–1062

Der Fürst und Herrscher des Mittelalters begegnet uns in den Darstellungen seiner Zeit als erwachsener Mann. Mit 14 bis 16 Jahren sind seine geistige Bildung und seine körperliche Ertüchtigung zu einem ersten Abschluß gelangt. Er erhält die Schwertleite als Ritter und begegnet uns von da an im Gefolge oder gar im Heer des Königs, wo er sogleich an der Spitze einer Truppe eine militärische Führungsrolle einnimmt. Er ist bei Rechtsgeschäften dabei und steht in den Zeugenreihen der Urkunden. Dies aber bedeutet, daß seitdem sein Name in den Urkunden und Chroniken aufscheint und seine Aktivität bezeugt. Was vorher war, die Jahre seiner Kindheit und frühen Jugend, bleibt uns weitgehend verborgen. Dies ist einer der Gründe, weshalb wir uns schwertun mit der Biographie mittelalterlicher Menschen, von denen wir in der Regel nicht wissen, in welcher Umgebung sie aufgewachsen sind, wer sie erzogen und wer sonst Anteil an ihrer körperlichen und geistigen Formung genommen hat.

Da wir jedoch gewohnt sind, die Kindheit und insbesondere die ersten Kindheitsjahre als die den Charakter des Menschen prägende Phase anzusehen, stellt sich uns hier eine Frage von besonderer Art. Die Quellen empfinden dies nämlich nicht als Problem. Wo sie, etwa in der Lebensbeschreibung eines Heiligen, auf seine Kindheit eingehen, sind sie von bemerkenswerter Kargheit. Vornehmheit und Adel sind die selbstverständlichen Voraussetzungen für spätere hohe Stellung oder besondere geistliche Würde, tüchtige und fromme Lehrer tun das Ihre, dies alles in einer undramatischen und mit wenig erzählenswerten Elementen verbundenen Phase des Lebens. Die Frau, vor allem die Mutter, tritt als Erzieherin selten in Erscheinung, und bei Heinrich IV. werden wir auch erfahren, weshalb. Daß man dennoch über dies alles nachgedacht hat, zeigt uns das Parsifal-Epos Wolframs von Eschenbach, doch ist es 150 Jahre später entstanden und entstammt einer anderen geistigen Welt.

Auch Geburtstag und Geburtsort sind vor der Jahrtausendwende nur selten überliefert. Im Unterschied zu anderen Gedenktagen, vor allem zum Todestag, wird er nicht memoriert, vielleicht nicht einmal gefeiert, es sei denn, daß er mit einem großen Heiligenfest verbunden war. Bei den meisten Königen des Früh- und Hochmittelalters wissen wir nicht, an welchem Tag sie geboren sind. Der einfache Mensch hatte sogar Schwierigkeiten, über sein Geburtsjahr und damit über sein Alter Auskunft zu geben.

Von Heinrich IV. wissen wir, daß er am 11. November, dem Martinstag, des Jahres 1050 geboren wurde. Der Chronist Lampert von Hersfeld hat uns dieses Datum überliefert, das für ihn von besonderer Bedeutung war. Denn viele Jahre hatte das kaiserliche Ehepaar auf den Thronfolger warten müssen. Aus erster Ehe mit Gunhild besaß Heinrich III. eine Tochter. 1043 hatte er sich mit Agnes, der Tochter Herzog Wilhelms von Aquitanien, vermählt, zwischen 1045 und 1048 waren drei Töchter geboren worden, ehe der lang erwartete Sohn folgte. Auch der Geburtsort Heinrichs ist nicht ausdrücklich genannt, doch da die Eltern von September 1050 an in Goslar weilten, kann man nicht nur annehmen, daß Heinrich in der Goslarer Pfalz auf die Welt kam, sondern daß man sich rechtzeitig auf dieses Ereignis einstellte, um der Mutter die erforderliche Schonungszeit zu gönnen. Vor allem darf man vermuten, daß Goslar als Geburtsort des Thronfolgers, auf den man ja sehnlich hoffte, vorgesehen war.

Die Sonderstellung Goslars, wo schon Heinrich II. mehrfach geweilt hatte, zuletzt kurz vor seinem Tod, war in salischer Zeit ganz deutlich geworden. Konrad II. hielt sich mindestens fünfmal in Goslar auf, und darunter befinden sich drei Festaufenthalte in der Weihnachtszeit. Unter Heinrich III. zählt man zwanzig Aufenthalte in Goslar, darunter einen Weihnachtsaufenthalt, abwechselnd mit dem am Südrand des Harz gelegenen Pöhlde, wo er zweimal die Weihnacht verbrachte. Die Goslar-Aufenthalte fallen oftmals in den Sommer und führen nicht selten nach Bodfeld weiter, die Jagdpfalz, die wenige Stunden von Goslar entfernt im Innern des Harz lag. Dort ist Heinrich III. gestorben. Und schließlich ist Heinrichs Mutter Gisela 1043 in Goslar gestorben, wo sie offenbar die letzte Zeit ihres Lebens verbrachte. Goslar war also eine in allen Jahreszeiten gern besuchte, für langes Wohnen eingerichtete, für die höchsten Kirchenfeste des Jahres geeignete Pfalz, in der sich während des 11. Jahrhunderts große Versammlungen zusammengefunden haben. Bis 1075, als er dort das Weihnachtsfest feierte, ist auch Heinrich IV. oftmals nach Goslar gekommen, und sein Sohn Heinrich hat diese Tradition wieder aufgenommen. So war Goslar mehr als nur eine bevorzugte Pfalz der Salier. Von Heinrich III. wird berichtet, er habe sie so geliebt, daß er dort bestattet sein wollte, und als er dann doch sein Grab im Speyerer Dom habe vorbereiten lassen, habe er bestimmt, sein Herz sollte in Goslar beigesetzt werden, in der Ulrichskapelle der Pfalz, was dann auch geschah.

Von Heinrich IV. erzählt eine Quelle, er habe zunächst den Namen Konrad getragen, ehe man ihm dann den Königsnamen Heinrich, den Namen des Vaters, gegeben habe. Solche Namenswechsel sind nicht selten, doch ob sich dahinter ein familienpolitisches Programm des Vaters verbirgt, läßt sich schwer deuten. Zwei Jahre nach ihm wurde ein weiterer Prinz geboren, der nun wirklich den Namen Konrad erhielt. Der älteste Sohn hingegen wurde am Osterfest 1051 in Köln von Erzbischof Hermann getauft und erhielt spätestens jetzt den Namen des Vaters, der ihn zur Nachfolge in der Herrschaft prädestinierte. Sehr lange hat man gewartet, bis man diesen feierlichen Akt vollzog. Er wurde eine Demonstration königlicher Macht. Die Fortdauer der Dynastie in der Person des königlichen Kindes wurde programmatisch mit dem Osterfest in Köln verbunden. Taufpate wurde Abt Hugo von Cluny, die größte geistliche Autorität der christlichen Welt noch vor dem römischen Bischof, dem aus einem elsässischen Grafenhaus stammenden Papst Leo IX.

Das neugeborene Kind wurde sogleich auf die Reise der Eltern mitgenommen. In Pöhlde, also am Südrand des Harz und eine Tagesreise von Goslar entfernt, feierte man das Weihnachtsfest, wo das königliche Kind in einen Akt von höchster Sinnfälligkeit einbezogen wird: die bei Hofe anwesenden Fürsten huldigen ihm und schaffen damit die Beziehung zum Geburtsfest des Jesuskindes, des künftigen Königs im Himmel und auf Erden. Und derjenige, dem dieser Vergleich zu kühn erscheint, mag sich vergegenwärtigen, wie es weiterging: Im Februar wird eine Reichsversammlung in Augsburg abgehalten, bei der auch der Papst und die Fürsten und Bischöfe aus Bayern und Schwaben anwesend sind, danach hält man sich in Speyer auf, bis es dann zur Taufe in Köln kommt, also eine Art von Umritt des Kaiserpaares im Reich, bei dem der zukünftige König gezeigt wurde.

Gleichgültig ob man annehmen will, Heinrich sei bei der Mutter gewesen und habe mit ihr zusammen das riesige Reiseprogramm des Kaisers mitgemacht, oder ob man ihn wenigstens zeitweilig an einem Ort, also wiederum in Goslar, sucht: nachweislich ist er bei vielen der Hof- und Reichstage jener Jahre präsent gewesen. Die Sorge, das Kind könne diese Strapazen nicht überleben – bei seinem Bruder Konrad ist es so gekommen –, war geringer als der Wunsch, den künftigen König im ganzen Reich vorzuweisen, dessen Fortdauer mit ihm gesichert war.

1053 wurde Heinrich in Tribur zum König gewählt, im selben Jahr in Altötting mit dem Herzogtum Bayern belehnt, im Sommer 1054 in Aachen gekrönt. Schon der Zweijährige erscheint urkundlich als Intervenient, wenn auch zusammen mit der Mutter, das heißt, er verwendete sich für einen Antragsteller beim König, um dessen Bitte nach einer Belehnung Gewicht zu verleihen. Dies ist ein Routinevorgang, aber er bedeutet Teilhabe an der Regierung des Reichs, und das wiederum bedeutet Präsenz am Hof und damit Teilhabe an der Reisepolitik des Vaters. Zu Lebzeiten des Vaters ist er bei vielen seiner Reisen dabeigewesen. Im Jahr 1055 ist er, knapp fünfjährig, mit ihm nach Italien gezogen und war das ganze Jahr über unterwegs. Im Sommer 1056 ist erstmals seine künftige Königin, die am deutschen Hof erzogene Bertha, mit ihm zusammen in Goslar erwähnt: die Heirat war beschlossene Sache. Wenig später findet sich Papst Viktor II. in Goslar ein, wo ein glanzvoller Hoftag abgehalten wird, ehe der Kaiser in der Jagdpfalz Bodfeld den Spätsommer verbringt, wo er am 5. Oktober 1056 gestorben ist.

Über die eigentliche Erziehung des Prinzen erfahren wir bis dahin in den Quellen gar nichts. Er ist von Anfang an der künftige König, und nach seiner Krönung ist er es auch tatsächlich, auch wenn die Fürsten ihre Zustimmung offenbar an die Bedingung geknüpft haben, daß er sich zum gerechten und starken Herrscher entwickle. Wie man ihn auf sein Amt vorbereitete, wer ihn unterrichtete und wie man ihm – angesichts des barbarischen Reiseprogramms, das ihm von Anfang an auferlegt wurde – ein geregeltes Training in körperlicher Hinsicht und eine Schulung des Geistes zu vermitteln vermochte, ist nirgends beschrieben. Offenbar nahm man als selbstverständlich an, daß seine Lehrer mit ihm zogen, ohne daß man einen von ihnen besonders hervorheben könnte. Zu nennen wären allenfalls die späteren Bischöfe Altmann von Passau und Gebhard von Salzburg, die anfangs der fünfziger Jahre in der königlichen Kanzlei tätig waren. Die früheste Phase hielt man – ganz anders, als wir es heute zu betrachten gewohnt sind – ohnehin für unproblematisch, gab doch der Vater das Beispiel für kaiserliche Tugend, die Mutter dasjenige für Frömmigkeit und Zucht, und was das Kind betrifft, so beachtete man seine herrscherliche Funktion, nicht aber die Regungen individuellen Geistes.

Die zweite Kindheitsphase beginnt mit dem Tod des Kaisers und endet im Frühjahr 1062 mit dem »Staatsstreich von Kaiserswerth«. Angesichts seines bevorstehenden Todes hatte der Vater in Bodfeld die versammelten geistlichen und weltlichen Fürsten bestätigen lassen, daß sie zu dem bereits gewählten und gekrönten König stehen wollten, und hatte den anwesenden Papst – den vormaligen Bischof Gebhard von Eichstätt – gebeten, diesem beizustehen. In der Tat hat Viktor II. die Königsherrschaft Heinrichs gesichert, hat selbst eine nochmalige Krönung in Aachen vollzogen und ihn auf seinem Zug durch das Reich begleitet, ehe er es verließ und den König unter der Vormundschaft der Mutter in einem, wie es schien, gesicherten Herrschaftssystem zurückließ. Heinrich reiste seitdem als König, vornehmlich zwischen Sachsen und dem Mittelrheingebiet, feierte die Jahresfeste in Goslar und Pöhlde, in Mainz, Speyer und Worms. Monatelange Aufenthalte in Goslar, zwischen 1057 und 1060, zeigen erneut die Sonderstellung dieser Pfalz.

Drei erzählende Quellen äußern sich zu dieser Periode in Heinrichs Leben, wenn auch aus ganz verschiedener Sicht. Da ist jene unmittelbar nach dem Tod Heinrichs IV. entstandene Totenklage eines ungenannten Autors, die »Lebensbeschreibung Heinrichs IV.«, ein Werk von hohem literarischem Rang und außergewöhnlicher stilistischer Feinheit. Als seinen Verfasser vermutet man den Kanzler Heinrichs und späteren Bischof Erlung von Würzburg. Er war jedenfalls ein Verehrer des Kaisers, der die Tragik seines Lebens in hochstilisierter Form zum Heldenepos verdichtet hat. Für ihn ist der junge Heinrich in eine Zeit des Friedens und der Ordnung hineingewachsen, und im Sinne des Vaters hat er das Reich, gemeinsam mit seiner Mutter, einer »Frau männlichen Geistes«, regiert. Erst als man das Kind der Mutter entrissen habe – obwohl diese doch, wie schon viele Königinnen vor ihr, das Reich »mit männlicher Weisheit regiert habe« –, sei er zum Werkzeug in der Hand der Fürsten geworden und habe »wie es eben ein Kind zu tun pflegt« alles getan, was ihm vorgeschrieben worden sei. Sie, die Fürsten, seien es gewesen, die seinem knabenhaften Verhalten freien Lauf gelassen hätten, um ihn besser in der Hand zu haben. Als er erwachsen wurde, habe sich dies zum besten gewendet. Auch der Freund Heinrichs hat also den Gerüchten und Erzählungen Glauben geschenkt, wonach der Knabe ein ausschweifendes und tugendloses Leben geführt habe, das jedoch, als er erwachsen wurde, sich in die königlichen Tugenden verkehrte. Die Gegner Heinrichs haben dies freilich ganz anders formuliert, so etwa der sächsische Kleriker Bruno, der bald nach 1080 ein Buch über den Sachsenkrieg schrieb und es seinem Bischof Werner von Merseburg widmete. Er war ein Feind Heinrichs, über den er nur Böses zu erzählen wußte und dies auch auf seine Jugendzeit anwandte. Seine Mutter, die Kaiserin, so schreibt er, habe ihn zwar fürsorglich betreuen lassen, doch dann habe ihn der Hochmut ergriffen, so daß ihn Erzbischof Anno habe der Mutter entreißen müssen, um ihn an seinem Hof sorgfältig zu erziehen. Als er dann in das Jünglingsalter, den »Tummelplatz aller Laster«, eingetreten sei, habe er den Tugendpfad verlassen, habe sich vom Einfluß seines Erziehers (Anno) freigemacht und sei den breiten Weg der Sünde gegangen. Er habe keinen Mahner um sich geduldet und im Genusse des Überflusses geschwelgt. Auch diese Erzählung ist sicherlich cum ira et studio geschrieben, von einem Autor, der die Jugendzeit als die Vorstufe eines lasterhaften Lebens ansah, so wie der Biograph Heinrichs IV. die gegenteilige Entwicklung bereits in der Jugend angelegt sah.

Ein einziges Detail ist uns überliefert, eine oftmals nacherzählte Geschichte, die wir dem Mönch Lampert von Hersfeld verdanken. Auch er zählte zu den Gegnern Heinrichs IV., doch die Erzählung vom »Staatsstreich von Kaiserswerth«, die Lampert kurz vor 1080 verfaßt und in sein Annalenwerk aufgenommen hat, mag sich tatsächlich so abgespielt haben – zumindest was den reinen Ereignisablauf anbelangt. Folgen wir Lamperts Darstellung: *Während der Minderjährigkeit ihres Sohnes führte die Kaiserin selber die Regierungsgeschäfte, und sie bediente sich dabei in erster Linie des Rates des Bischofs Heinrich von Augsburg. Deshalb konnte sie dem Verdacht unzüchtiger Liebe nicht entgehen, denn allgemein ging das Gerücht, ein so vertrauliches Verhältnis sei nicht ohne unsittlichen Verkehr erwachsen. Daran nahmen die Fürsten schweren Anstoß, sahen sie doch, daß wegen der persönlichen Liebe zu einem Manne ihr Einfluß, der im Reich am meisten hätte gelten müssen, fast gänzlich ausgeschaltet war. Diesen unwürdigen Zustand ertrugen sie nicht: sie veranstalteten deshalb häufig Zusammenkünfte, erfüllten ihre Pflichten gegen das Reich nur lässig, reizten die Volksstimmung gegen die Kaiserin auf und trachteten endlich mit allen Mitteln danach, den Sohn dem Einfluß der Mutter zu entziehen und die Verwaltung des Reichs in ihre Hände zu bekommen. Schließlich fuhr der Erzbischof von Köln, nachdem er sich mit Graf Ekbert und Herzog Otto von Bayern beraten hatte, zu Schiff auf dem Rhein an einen Ort, der Insel des hl. Switbert (Kaiserswerth) heißt. Dort hielt sich damals der König auf. Als dieser eines Tages nach einem festlichen Mahl besonders heiter war, redete ihm der Bischof zu, ein Schiff, das er zu diesem Zweck überaus prächtig hatte herrichten lassen, zu besichtigen.*

Dazu ließ sich der arglose, an nichts weniger als an eine Hinterlist denkende Knabe leicht überreden. Kaum aber hat er das Schiff betreten, da umringen ihn die vom Erzbischof angestellten Helfershelfer seines Anschlags, rasch stemmen sich die Ruder hoch, werfen sich mit aller Kraft in die Riemen und treiben das Schiff blitzschnell in die Mitte des Stroms. Der König, fassungslos über diese unerwarteten Vorgänge und unentschlossen, dachte nichts anderes, als daß man ihm Gewalt antun und ihn ermorden wolle, und stürzte sich kopfüber in den Fluß, und er wäre in den reißenden Fluten ertrunken, wäre dem Gefährdeten nicht Graf Ekbert trotz der großen Gefahr, in die er sich begab, nachgesprungen und hätte er ihn nicht mit Mühe und Not vor dem Untergang gerettet und aufs Schiff zurückgebracht. Nun beruhigte man ihn durch allen nur möglichen freundlichen Zuspruch und brachte ihn nach Köln. Die übrige Menge folgte zu Lande nach, doch viele erhoben die Beschuldigung, die königliche Majestät sei verletzt und ihrer Selbstbestimmung beraubt worden.

Diese Geschichte hat sich im Frühjahr 1062 zugetragen, wobei es im Augenblick weniger darauf ankommt, den Klatschgeschichten um die Kaiserin Agnes nachzugehen, die man um so bereitwilliger weitergab, als man ja ihre Unfähigkeit zu regieren zu begründen hatte und generell die Berechtigung einer Frau, die Herrschaft im Reich auszuüben, anzweifelte. Auch die Rolle Erzbischof Annos und seiner Parteigänger kann hier unerörtert bleiben. Die vielen Quellen, die darüber berichten, geben freilich zu erkennen, daß sich in Kaiserswerth ein Gewaltakt erster Ordnung abspielte, der den jungen König mitsamt den Reichsinsignien ohne seinen Willen dem Zugriff der Mutter entzog, die von da an auf die Teilhabe an der Regierung verzichtete, um an ihrer Stelle dem Kölner Erzbischof die Verwaltung der Reichsgeschäfte beizulegen. Vielmehr liegt hier erstmals ein Zeugnis für das individuelle Handeln des damals elfjährigen Heinrich vor. Er zeigte in dieser Situation Mut und Entschlossenheit, den jugendlichen Sinn für impulsives Handeln und sicherlich auch – so läßt es zumindest Lampert erkennen – Selbstbewußtsein und Hoheit. Für einen Augenblick erkennt man etwas von diesem Jüngling, der seit seiner Geburt als König unterwegs war, der repräsentierte und durch seine Gegenwart das Reich verkörperte, der politische Handlungen vollzog, die er zwar noch nicht verstehen konnte, die jedoch gleichwohl durch ihn rechtskräftig wurden. Dahinter verbirgt sich freilich die ganze Problematik unserer Quellen in diesen Fragen.

Die Zeitgenossen, die einige Jahrzehnte danach über diese Vorgänge schrieben, beurteilen ihn als König. Sehen sie in ihm den guten König, so bedeutet auch seine Kindheit eine Hinführung auf die Tugenden des wahren Herrschers. Für den schlechten König sind seine Laster wiederum in der Kindheit angelegt, in der er am Scheideweg die falsche Richtung eingeschlagen hat; ob unter dem Einfluß falscher Ratgeber oder durch die Einwirkung des Teufels, der den bösen Samen in die gute Frucht sät, war letztlich gleichbedeutend.

So bleibt auch die Feststellung, daß Heinrich bereits als Kind Hoheit und Stolz des

Königs zeigte, eigentlich unverbindlich. Und alle unsere Gewährsleute stimmen zu, daß Stolz und Hochmut Hand in Hand gehen, daß die unkontrollierte Autonomie des jugendlichen Herrschers für diesen eine schwere Versuchung bedeutete, die ihn überforderte. Doch Lampert gibt ebenfalls die Meinung der Leute wieder, der König sei 1062 seiner Handlungsfähigkeit beraubt worden, da seine Majestät, seine königliche Würde verletzt worden sei, und so scheint es auch der junge Heinrich selbst gesehen zu haben, den man nur durch kräftiges Überreden dazu gebracht habe, sich in die Sache zu schicken. Indessen führt die sich anschließende letzte Phase seiner Jugendzeit bereits zu seinen ersten von ihm selbst bestimmten Handlungen.

Für die meisten Könige des Mittelalters ist die Frage nach ihrer Kindheit und Jugend von geringer Bedeutung und lohnt der Erörterung nicht, wenn die Quellen zu ihrer Beantwortung fehlen. Anders bei Heinrich IV. Das Jahrzehnt nach dem Tod seines Vaters ist eine der entscheidendsten Perioden der deutschen Geschichte geworden. Die Probleme der Kirche, die sich in den Klöstern, den Bistümern des Reichs wie in der päpstlichen Kurie neu zu organisieren begann und dies im Zeichen einer umfassenden Reform getan hat, hatten sich schon unter Heinrich III. abgezeichnet. Die Lebensbereiche der Fürsten, des Adels und das grundherrliche Gefüge ihrer Herrschaft bedurften einer tiefgreifenden Umorganisation: neue gesellschaftliche Formen lösten die veralteten Verwaltungsstrukturen des karolingischen und ottonischen Reiches ab. Und das städtische Bürgertum als neue gesellschaftliche Schicht forderte staatliche Maßnahmen im Bereich von Verkehr und Wirtschaft. Die Regentin Agnes hat versucht, diese Probleme mit den Mitteln und im Sinne des verstorbenen Kaisers zu lösen, und sie hat es mit allen ihren Kräften, mit bestem Willen und auch mit Sachverstand getan, wenn auch ohne Erfolg. Ob alles anders gekommen wäre, wenn Heinrich III. zwanzig Jahre länger regiert hätte, ob er mit herkömmlichen Mitteln das Neue unterdrückt oder ob er diesem neue Formen gegeben und damit einen Bürgerkrieg vermieden hätte, vermag niemand zu sagen. So aber steht die Jugendzeit Heinrichs IV. für den Beginn einer chaotischen Zeit des Ringens um die Neuordnung von Reich und Kirche. Sie wurde für den König, der einen so glänzenden Anfang genommen hatte, zu einer Tragödie.

Quelle

Lampert von Hersfeld, Annalen. Nach der Edition von O. HOLDER-EGGER (1894), neu übersetzt von A. SCHMIDT (Darmstadt 1962), S. 73 ff.

Literatur

Die Regesten des Kaiserreiches unter Heinrich IV., neu bearb. von T. STRUVE = BÖHMER, Regesta Imperii III, 2 (Köln–Wien 1984).

E. BOSHOF, Heinrich IV. Herrscher an einer Zeitwende (Göttingen 1979), S. 30 ff., mit weiterer Literatur.

G. JENAL, Erzbischof Anno II. von Köln und sein politisches Wirken, Teil 1 (Stuttgart 1974), S. 175 ff.

G. TELLENBACH, Der Charakter Kaiser Heinrichs IV. Zugleich ein Versuch über die Erkennbarkeit menschlicher Individualität im hohen Mittelalter, in: Person und Gemeinschaft im Mittelalter. Karl Schmid zum 65. Geburtstag (Sigmaringen 1988), S. 345–367.

M. L. BULST-THIELE, Kaiserin Agnes (Leipzig/Berlin 1933).

Die Altersberechnung der Kinder Heinrichs III. (Stammtafel S. 17) nach M. BLACK, Die Töchter Kaiser Heinrichs III. und der Kaiserin Agnes, in: Vinculum Societatis. Joachim Wollasch zum 60. Geburtstag (Sigmaringendorf 1991), S. 36–57, insbes. Stammtafel S. 57.

Das Erbe der Salier: Rudolf von Rheinfelden, Friedrich von Schwaben, König Konrad und Heinrich V.

Nach dem Tode des großen Kaisers, Heinrich III., ruhten die Hoffnungen der Dynastie auf dem Kind Heinrich, dem einzigen männlichen Erben, dem gewählten und gekrönten König. Sein jüngerer Bruder Konrad war schon als Kind gestorben, doch besaß er mehrere Schwestern. Eine von ihnen zur Frau zu gewinnen, bedeutete für jeden der Großen des Reichs, in die unmittelbare Nähe des Königshauses zu gelangen, und eröffnete ihm, wenn das Schicksal es so wollte, die Möglichkeit, nach der Krone zu greifen. Denn bei jeder Königswahl fiel das Augenmerk, wie wir dies bei den beiden Konraden sahen, zuerst auf die nächsten Verwandten des gewesenen Königs. Für alle Vornehmen des Reichs, die ohnehin dem verwandtschaftlichen Umfeld des Königshauses zugehörten, bot sich hier eine Chance, die es zu nutzen galt.

Ganz besondere Beachtung fand der schwäbische Graf Rudolf von Rheinfelden, dem man in dieser Hinsicht übergroßen Ehrgeiz nachsagte und dies mit allen möglichen Geschichten, wahren und erfundenen, belegte. Mit vielen farbigen Details erzählt dies eine Weltchronik, deren älteste Teile der Mönch Frutolf von St. Michael in Bamberg verfaßt hat – ein knappes halbes Jahrhundert später als die Ereignisse, von denen hier die Rede ist. Zum Jahr 1057 schreibt er folgendes:

Otto von Schweinfurt, Herzog der Schwaben, verschied am 28. September, und Rudolf von Rheinfelden, der später König zu sein begehrte, erhielt das Herzogtum. Das war eine wichtige Ursache der Unruhen, durch die das Reich dann in Verwirrung geriet. Denn dasselbe Herzogtum hatte Kaiser Heinrich noch zu Lebzeiten des Herzogs Otto dem Grafen Berthold, der später das Herzogtum der Kärntner erhielt, versprochen, und er hatte ihm seinen Ring gleichsam als Mahnzeichen dafür gegeben. Berthold bewahrte ihn sorgfältig und legte ihn nach dem Tod der beiden, nämlich des Kaisers und des Herzogs, der Kaiserin Agnes vor, die damals das Reich leitete, und mahnte sie, die den Ring anerkannte, wegen des Herzogtums, das ihm versprochen war. Da aber der erwähnte Rudolf bald nach dem Tod des Kaisers dessen Tochter, die dem Bischof Rumold von Konstanz anvertraut war, als Gattin heimführte – man weiß nicht, ob er sie auf Rat hin oder mit List entführte –, gab die Kaiserin ihm um der Tochter willen dieses Herzogtum, nachdem er wieder in Gnaden aufgenommen war, was Berthold nicht wenig erregte. Um diese Erregung zu besänftigen, wird ihm das Herzogtum der Kärntner übertragen, das später König Heinrich dessen gleichnamigem Sohn auf seine Bitte hin übergab; dann aber übertrug er auf Betreiben einiger dieses Herzogtum seinem Verwandten Liutolf und beleidigte so Vater und Sohn, da

er beide mißachtete. Da nun Herzog Berthold gleichsam durch die Wiederholung
früheren Unrechts tief erregt war, wandte er alle Gedankenkünste, an denen er
wahrlich reich war, auf das eine Ziel, wie er sich nämlich an den beiden, das heißt am
König und Rudolf, rächen könne: an diesem, weil er ihn um das versprochene
Herzogtum betrogen hatte, an jenem aber, weil er ihn des Herzogtums beraubte, das
er schon empfangen hatte. Ihm kamen allerlei Dinge, die damals ohne Überlegung
geschahen, entgegen und schufen diesem Vorhaben günstige Gelegenheiten: Otto,
Herzog der Bayern, wurde abgesetzt; der Schwabe Konrad wurde von Vasallen des
Königs getötet, und das Verbrechen wurde, als sei es auf Befehl des Königs geschehen,
diesem angelastet. Also verschwören sich Otto in Sachsen, Berthold in Schwaben; in
beiden Gebieten kommt es zu Aufläufen und Zusammenkünften, bei denen Haß und
Mißgunst gegen den König geschürt wurden; überdies geschah vielerlei im Reich, was
beide Stämme aus, wie es schien, gerechten und zwingenden Gründen dazu brachte,
dem König nicht mehr zu folgen; schließlich kam es so weit, daß Rudolf zu seinem
eigenen Verderben gegen das Reich vorging und seinen Herrn, den König, abzuset-
zen oder zu töten trachtete. Welchen Erfolg das jedoch hatte, ist nicht einmal den
Ungebildeten verborgen.

Was hier erzählt wird, ist »Weltgeschichte höchst privat«, ein Einblick in die
Intrigenwelt des Adels nach dem Tod Heinrichs III. Rudolf von Rheinfelden strebte
zunächst nur nach dem Herzogtum Schwaben, das die Kaiserin einem anderen, dem
»Zähringer« Berthold, mit dem Symbol eines Ringes, versprochen hatte. Doch
Rudolf hatte sich ein Faustpfand gesichert. Mit der Tochter des Kaisers, mit der er
sich mit Zustimmung der Kaiserin Agnes verlobte, ist die 1045 geborene Mathilde
gemeint, die älteste Tochter des Kaiserpaares. 1057 ist sie also zwölf Jahre alt
gewesen, als sie Bischof Rumold von Konstanz zur Erziehung übergeben wurde.
Der Konstanzer Bischof war zugleich, wie wir dies schon bei Herzog Ernst gesehen
hatten, sozusagen der »Vizeherzog« von Schwaben, und so waren Rudolfs Gedanken wohl ganz auf die Vormachtstellung in Schwaben gerichtet. Wie zielstrebig
Rudolf vorging, zeigt jedoch die »Entführungsgeschichte«, die sich allerdings nur bei
Frutolf findet und die man glauben kann oder nicht. Sicher ist, daß Rudolf seine
junge Braut zum frühestmöglichen Zeitpunkt geheiratet hat. Bald nach der Hochzeit, am 12. Mai 1060, ist sie gestorben – wohl, wie bei diesen Kinderehen üblich, im
Zusammenhang mit einer zu frühen Schwangerschaft oder Frühgeburt. Hierüber
erregte sich niemand, wohl aber über die Nachgiebigkeit der Kaiserin, die ihrem
Schwiegersohn die begehrte Spitzenposition in Schwaben eingeräumt hat, auch wenn
andere wie der Zähringer Berthold dadurch gekränkt wurden, der dann mit Waffengewalt gegen diese Zurücksetzung protestierte.

Bald danach hat Rudolf einen weiteren ehepolitischen Anlauf genommen, indem
er wiederum eine Dame königlicher Abkunft ehelichte, Adelheid von Turin, die
Schwester jener Bertha, die als Gemahlin Heinrichs IV. vorgesehen war und die

bereits in seiner Umgebung weilte. Rudolf von Rheinfelden war also in doppelter Hinsicht Schwager des Königs, und wenn sich daraus auch keine unmittelbaren Ansprüche auf Teilhabe am Reich und am Königtum ableiten ließen, so war er doch ein ernsthafter Prätendent für den Fall, daß der König selbst erbenlos bleiben würde. Bis in die siebziger Jahre hinein konnte man dies getrost abwarten, solange der junge Heinrich seine Scheidung von Bertha betrieb und somit gleichsam unvermählt war. Erst als um 1073 mit Agnes, 1074 mit dem Kronprinzen Konrad die königlichen Erben geboren wurden, rückte Rudolf sozusagen aus dem zweiten ins dritte Glied.

Frutolf, den wir bereits zitiert haben, schreibt zum Jahr 1077: *Rudolf, gebürtig aus Schwaben, das keinerlei Verbindung mit dem Stammbaum der Könige besitzt, wird... in Forchheim zum König erhoben.* Die – hier wörtlich aus dem Lateinischen übersetzte – Formulierung besagt doch wohl, daß Rudolf in freier Wahl von den in Forchheim anwesenden Fürsten zum Gegenkönig gegen Heinrich IV. erhoben worden ist, wobei gerade nicht seine entfernte Verwandtschaft und auch nicht seine Schwägerschaft zu Heinrich für ihn sprach, also nicht die Zugehörigkeit zum salischen Königshaus, die er 1057 so konsequent betrieben hatte, sondern seine Eignung und seine Rolle als Anführer der antiköniglichen Partei. Die Königswahl von Forchheim ist aus dieser Sicht die konsequente Weiterführung seines von Anfang an erkennbaren Strebens nach Teilhabe am Königtum.

Dies sollte nicht in dem Sinne mißverstanden werden, als ob es in den Kämpfen in der Kirche und im Reich, die wir mit dem Namen »Investiturstreit« verbinden und die in der Königserhebung Rudolfs von Rheinfelden und seinem anschließenden Kampf gegen Heinrich IV. ihren Höhepunkt fanden, um nichts anderes gegangen wäre als um dynastische Eifersüchteleien unter den Großen des Reichs, die sich gegenseitig die Führungsrolle streitig machten. Dies hieße, die Dinge zu verharmlosen oder zu banalisieren. Aber die Probleme personalisierten sich, und so hat auch der individuelle Ehrgeiz einzelner Fürsten in diesem Spiel seinen Platz.

Zwei Jahre nach der Wahl Rudolfs und im Jahr nach seinem Tod wird eine Eheverbindung eingegangen, die genau jene Bedeutung erlangen sollte, die sich Rudolf von Rheinfelden von seiner ersten Heirat versprochen hatte: Heinrich IV. vermählte seine Tochter Agnes an den Adeligen Friedrich von Hohenstaufen und belehnte ihn, seinen getreuesten Freund und Helfer, mit dem Herzogtum Schwaben. Dieses Ereignis des Jahres 1079 leitete eine neue Phase des bürgerkriegähnlichen Kampfes in Schwaben ein, den Herzog Friedrich fortan im Auftrag seines Schwiegervaters mit Entschlossenheit geführt hat. Man konnte damals nicht wissen, daß die Söhne aus der Ehe von Friedrich und Agnes nach dem kinderlosen Tod Heinrichs V. als seine Erben in den Kampf um das Königtum eingreifen würden, Herzog Friedrich II. in der für ihn unglücklichen Wahl von 1127, Herzog Konrad in der Wahl von 1138, aus der er als König hervorging. Er bereitete damit zugleich das Feld für seinen 1152 zum König erhobenen Neffen Friedrich Barbarossa. Beschrieben hat dies ein weiterer Abkömmling der Salier, der Geschichtsschreiber Bischof Otto von Freising. Er war der Sohn aus zweiter Ehe der Kaisertochter Agnes mit Markgraf Leopold von Österreich, also der Halbbruder König Konrads III. und Onkel Barbarossas, für den er dies aufgezeichnet hat. Für Otto von Freising war dies alles völlig logisch: die Erbfolge machte die Herren von Staufen zu Saliern und damit zu legitimen Königen. Zur Abstammung kam die Wahl der Fürsten, die in dem Staufer Friedrich Barbarossa denjenigen Kandidaten kürten, der durch Vornehmheit, Tüchtigkeit und königliche Tugend gleichermaßen geeignet war, das Königtum der Salier fortzuführen. 1079 war dies – um es zu wiederholen – nicht vorauszusehen.

Die Königin Bertha hat, so scheint es, 1072 einen Sohn geboren, der vielleicht Heinrich hieß und bald nach der Geburt starb, um 1073 Agnes und, wohl im darauffolgenden Jahr 1074, den Thronfolger, der den altsalischen Namen Konrad erhielt, ein Name, der ja zunächst auch Heinrich IV. zugedacht gewesen war. Erst 1086 wurde ein weiterer Sohn geboren, ein »Nachkömmling«, der nun in der Tat Heinrich genannt wurde, der spätere Kaiser Heinrich V. So ruhten die Hoffnungen für lange Zeit auf Konrad. Er wurde in eine turbulente Zeit hineingeboren. Wenn er wirklich am 12. Februar 1074, man darf annehmen in Goslar, auf die Welt kam, so geschah dies während des Sachsenaufstandes, als die Harzburg bei Goslar von den revoltierenden sächsischen Bauern gestürmt und verwüstet wurde. Sie sollen sogar die dortige Kirche zerstört und die in ihr befindlichen Gräber verwüstet haben, und in diesem Zusammenhang ist auch die Rede vom Grab eines früh gestorbenen Königskindes. Nach der Unterwerfung der Sachsen feierte Heinrich 1075 das Weihnachtsfest in Goslar, und er verband es mit einem Hoftag, bei dem er seinen Triumph auskostete. Konrad wurde hier in Anwesenheit der Großen zum künftigen König bestimmt und diese auf ihn verpflichtet. Damals wurde dem erst zweijährigen Konrad auch die Herzogswürde in Lothringen übertragen. Doch die Opposition gegen Heinrich wuchs – schon in Goslar hatten viele der Fürsten gefehlt.

Es ist wenig, was man über Heinrichs ältesten Sohn in den Jahren der Wirren und des Kampfes erfährt. 1093 soll er sich, inzwischen zwanzig Jahre alt geworden, von seinem Vater getrennt haben und ins päpstliche Lager übergegangen sein, wohin ihm auch bald danach seine Stiefmutter Praxedis folgte, die in den darauffolgenden Jahren mit haarsträubenden Anschuldigungen gegen ihren kaiserlichen Ehemann die Stimmung gegen diesen weiter aufheizte. Konrad hingegen, so heißt es, habe dies nicht getan, obwohl ihn der Vater absetzen ließ, um seinen jüngeren Bruder an seiner Stelle zum König zu designieren. Im Januar 1099 wurde Heinrich in Aachen gekrönt. Von Konrad wird berichtet, er habe sich in Italien den Kreisen um den Papst, die Markgräfin Mathilde von Tuszien und anderen Reformkräften angeschlossen; vermählt war er mit der noch im Kindesalter befindlichen Maximiliana, einer Tochter König Rogers von Sizilien. Die Quellen rühmen seine Frömmigkeit und seinen edlen Charakter und geben nochmals zu erkennen, daß er den Reformern der Kurie um

Urban II. nahestand, deren irdisches Streben sich in der Idee des Kreuzzugs ins Heilige Land überhöhte. Rittertum, Keuschheit und intensives religiöses Leben charakterisieren weniger den König als den nach Selbstheiligung strebenden, an Gestalt und Charakter schönen Mann.

Auffallend ist ein Element, das in allen Versionen der Kaiserchronik – der Fortsetzung von Frutolfs Chronikwerk – wiederkehrt: die Achtung vor dem Vater. Konrad habe niemals in die Schmähungen eingestimmt, mit denen der Kaiser vornehmlich in Italien belegt wurde. Vielmehr habe er ihn in Schutz genommen, habe zwar zugegeben, er sei seinerzeit wegen der Nachrichten über Heinrichs schlechten Lebenswandel von ihm abgefallen, aber er betrachtete ihn doch nach wie vor als Kaiser und als seinen Vater, dem er Ehrfurcht schuldig war. Im Jahr 1101 ist Konrad gestorben, ohne den Vater seit seinem Abfall wiedergesehen zu haben: er hinterließ keine Nachkommen. Sein Bruder Heinrich war längst an seine Stelle getreten: als König hat er den Kampf gegen den Vater bis zum bitteren Ende fortgesetzt, als Alleinherrscher dessen Arbeit aufgenommen und zu Ende geführt. Das letzte Kapitel der Saliergeschichte steht in seinem Zeichen.

Seltsamerweise hat Heinrich V. lange gezögert, ehe er sich vermählte, um die Dynastie fortzusetzen. Erst mit 24 Jahren hat er sich mit der damals achtjährigen Mathilde, der Tochter König Heinrichs von England, verlobt, die ihm am Osterfest 1110 nach Utrecht zugeführt wurde, um von da an am deutschen Königshof zu leben. Am Epiphaniasfest 1114 fand die Hochzeit in Mainz statt, eines der großen Feste des Mittelalters, bei denen der König die Macht und Würde des Reichs darstellte. Folgen wir noch einmal der schon mehrfach zitierten Kaiserchronik:

Kaiser Heinrich feierte das Geburtsfest des Herrn in Bamberg, nachdem er seine Hochzeit für das Fest der Erscheinung in Mainz festgesetzt hatte. Er hatte sich nämlich vor drei Jahren mit Mathilde, der Tochter König Heinrichs von England, verlobt, einer Jungfrau von adeligen Sitten und von schöner, lieblicher Gestalt, die man für die Zierde und die Ehre des Römischen Reiches und Englands hielt. Sie stammte nämlich beiderseits aus einem seit langem hochadeligen und königlichen Geschlecht, und in ihren Worten und Werken erstrahlte das Beispiel zukünftiger überreicher Güte, so daß alle wünschten, sie werde die Mutter des Erben des Römischen Reiches sein. Zu dieser Hochzeit strömte eine solche Menge von Erzbischöfen, Bischöfen, Herzögen, Grafen, Äbten, Pröpsten und hochgelehrten Geistlichen zusammen, daß kein Greis dieses Zeitalters sich erinnern oder auf irgendeine Weise bestätigen konnte, gesehen oder wenigstens gehört zu haben, daß eine so große Schar so bedeutender Großer bei einem Treffen zusammengekommen sei. Bei dieser Hochzeit waren nämlich fünf Erzbischöfe, dreißig Bischöfe und fünf Herzöge anwesend; unter ihnen war der Herzog von Böhmen der oberste Mundschenk. Die Zahl der Grafen, Äbte und Pröpste dagegen konnte von niemandem, und sei er noch so klug, gezählt werden. Die Geschenke, die die verschiedenen Könige und zahllose

Große dem Kaiser aus Anlaß der Hochzeit schickten, sowie die, die der Kaiser seinerseits unter die unzählbar große Menge der Spaßmacher und Schauspieler und an die verschiedenen Angehörigen der verschiedenen Völker verteilen ließ und die keiner seiner Kämmerer, ob er sie nun empfing oder verteilte, zählen konnte, vermag kein Geschichtsschreiber dieses Kaisers zu verzeichnen.

Mit ganz eindeutigen Formulierungen spricht dieser Text die Hoffnung aus, die junge Königin werde eines Tages die »mater heredis Romani imperii«, die Mutter eines Erben des römischen Kaisertums, sein. Auch die Frage, weshalb Heinrich so lange gewartet hat, bis er dem Reich seine Königin gab, läßt sich aus unserem Text erschließen: er suchte nach einer Frau aus vornehmem Geschlecht, aus königlichem Geblüt, und die Hinwendung zum normannischen Königshaus Englands bedeutete zugleich eine politische Richtungsänderung des deutschen Königs. Eine Heiratsurkunde übrigens, wie wir sie für Agnes und Bertha kennengelernt hatten, hat sich für Mathilde nicht erhalten. Vielleicht hängt dies mit der Kinderlosigkeit des königlichen Paares zusammen, denn die Hoffnung auf einen Erben ging nicht in Erfüllung. Doch ein Hochzeitsgeschenk ganz besonderer Art wurde Heinrich und Mathilde übergeben: das Chronikwerk, aus dem wir zitiert haben und das von einem anonymen Verfasser bearbeitet und 1116 dem König gewidmet wurde. Es bricht in dieser Fassung mit dem Hochzeitsbericht ab; die Handschrift des Widmungsexemplars liegt heute in Cambridge. Es scheint, daß Mathilde sie nach dem Tode des Kaisers mit sich genommen hat, als sie in England ihren Witwensitz nahm.

Über den Tod Heinrichs berichtet eine weitere, mit dem Jahr 1125 endende Chronik des Mönchs Ekkehard von Aura. Anders als im Hochzeitsbericht, der voll der Hoffnung auf eine Fortsetzung des königlichen Hauses ist, drückt er den Zweifel aus, wie es weitergehen werde. Heinrich V., von Gott mit Kinderlosigkeit gestraft, trägt eine negative Schlußbilanz, die in der Metapher vom Geiz ausgedrückt wird:

Kaiser Heinrich der fünfte seines Namens, der in Utrecht das Pfingstfest feiern wollte, wurde von einer Krankheit, die er lange geheimgehalten hatte, überwältigt und näherte sich seiner letzten Stunde. Er rief diejenigen, die mit ihm waren, nämlich seine Gemahlin, die Königin Mathilde, und seinen Verwandten, Herzog Friedrich von Schwaben, sowie die übrigen Fürsten zu sich, gab ihnen, soweit er konnte, seinen Rat betreffs des Zustandes des Reiches und vertraute sein Eigentum und die Königin Friedrich als seinem Erben an Die Krone und die übrigen Abzeichen des Königs sollten nach seiner Anordnung bis zur Versammlung der Fürsten in einer absolut sicheren Burg, dem Trifels, aufbewahrt werden; dann empfing er die Wegzehrung der Sakramente Christi und verschied am 23. Mai. Seinen Leichnam behandelte man, wie es einem König zukommt, und brachte ihn nach Speyer, wo er unter zahlreicher Teilnahme von hoch und niedrig, von Geistlichen und Laien in der Grabstätte seiner Vorfahren ehrenvoll beigesetzt wurde, im zwanzigsten Jahr seiner Königsherrschaft, im 14. Jahr seines Kaisertums.

Von allen Erben ist also der Schwabenherzog Friedrich übriggeblieben – der Vater Barbarossas –, der seinen Anspruch bei der Königswahl vom 24. August 1125 mit großem Selbstbewußtsein vertreten hat. Er stützte sich dabei nicht nur auf den Willen des sterbenden Königs, sondern zugleich auch auf die Fakten. Schon in den letzten Jahren Heinrichs hatte er, zusammen mit seinem Bruder Konrad, das Reich regiert, wenn Heinrich in Italien weilte, und auch die reichen Hausgüter der Salier sind schon damals in die Hand der Staufer übergegangen, die glaubten, einer Königswahl der Fürsten vorgreifen zu können. Weshalb es dann 1125 nicht dazu gekommen ist, als sich der Sachse Lothar durchsetzen konnte und zum König erhoben wurde, dies ist ein neues Kapitel, das in die Geschichte der Staufer gehört.

Quelle

Frutolfs und Ekkehards Chroniken und die anonyme Kaiserchronik. ed. und übersetzt von F.-J. SCHMALE und I. SCHMALE-OTT (Darmstadt 1972), S. 74 ff. (Rudolf von Rheinfelden), S. 128 ff. (König Konrad), S. 262 ff. (Hochzeit) und S. 374 f. (Tod Heinrichs V.), ferner S. 34 (zur Widmung).

Literatur

R. GAETTENS, Das Geburtsjahr Heinrichs V. 1081 oder 1086? In: ZRG germ. Abt. 79 (1962), S. 52–71.

W. HOLTZMANN, Maximilla regina, soror Rogerii regis, in: Deutsches Archiv 19 (1963), S. 149–167.

H. JAKOBS, Der Adel in der Klosterreform von St. Blasien (Köln/Graz 1968), S. 159 ff. und 232 ff. (zu Rudolf von Rheinfelden).

H. SCHWARZMAIER, Die Heimat der Staufer (Sigmaringen ²1977), S. 34–35.

K. SCHMID, Zähringergeschichte und Zähringertradition als Thema der Zähringerforschung, in: Die Zähringer. Eine Tradition und ihre Erforschung, hg. von K. SCHMID (Sigmaringen 1986), S. 213–215.

H. KELLER, Zwischen regionaler Begrenzung und universalem Horizont 1024–1250 (= Propyläen-Geschichte Deutschlands 2, Berlin 1986), S. 172–176 u. ö.

K. SCHNITH, Kaiser Heinrich V., in: Mittelalterliche Herrscher in Lebensbildern (wie S. 19), S. 232–246.

Zum Bildprogramm

Der ursprüngliche Plan des Kapitels »Der König auf Reisen« bestand darin, Bild und Text nebeneinanderzustellen. Zu jedem der Aufenthaltsorte des Königs sollte der beschreibende Text, die Erläuterung des Reisewegs, mit einem Bild konfrontiert werden, das dieser Situation entspricht. Dabei ergaben sich zwei methodische Schwierigkeiten. Zum einen hat die Zufälligkeit der Quellenlage eine Reihe kleiner, fast unbekannter Orte – wie das Kloster Ballenstedt bei Gernrode oder das Kloster Hilwartshausen an der Weser – in die Reihe der berühmten Itinerarorte eingeschoben, in der, weil sie nicht bezeugt sind, Köln und Hildesheim, Goslar und Gernrode, Zeitz-Naumburg und Worms, ganz fehlen, obwohl sie auf dem Reiseweg lagen. In Italien gibt es sogar bezeugte Aufenthaltsorte, deren genaue Lage sich nicht ermitteln läßt, während andere wiederum fehlen, die man erwarten würde. Es erwies sich daher doch als besser, die ungenannten, aber in den Reiseweg gehörigen Orte einzubeziehen, um das Bild wirkungsvoll gestalten zu können. Denn diese Reise von 1046/47 war ja – unter vielen möglichen Jahren – deshalb für dieses Kapitel ausgewählt worden, weil sie das gesamte Reich mit Ausnahme Bayerns berührte, also bis zu einem gewissen Grad ein »Normalprogramm« unter Einschluß Italiens enthielt. Noch schwieriger ist das zweite methodische Problem, das sich auf die abgebildeten Objekte bezieht. Wie wenig an stehender Architektur aus salischer Zeit noch vorhanden ist, wie selten eine Landschaft auch nur entfernt dem Anblick entspricht, den sie vor 900 Jahren bot, wird uns eigentlich erst bewußt, wenn wir nach entsprechenden Abbildungen suchen. Die Dome und Klosterkirchen der frühsalischen Zeit sind nirgends in reiner Form erhalten. Vom ottonischen Dombau in Speyer kennt man nicht einmal seinen Standort, vom Bau Konrads II. besitzen wir Teile der Krypta, derjenige Heinrichs III. mußte zahlreiche Umbauten und Veränderungen bis zu den Restaurierungen und Rekonstruktionen der jüngsten Zeit über sich ergehen lassen, meist sind es nur noch die Krypten und einzelne Fundamentteile, die dem salischen Bau zugehören. Merseburg und Meißen sind Beispiele dafür, Montecassino oder die italienischen Dome generell. Am elementarsten spricht die Lebenswelt der Salierzeit aus den Handschriften, den Evangeliaren und Perikopenbüchern aus der Reichenau, aus Echternach und Helmarshausen. Diese Feststellung soll mit Absicht an den Beginn dieses Bildkapitels gestellt werden, um dem Vorwurf von vornherein zu begegnen, wir hätten die Salierzeit an Beispielen orientiert, die zwar in salischer Zeit ihren Ursprung haben, seitdem aber in ständiger Metamorphose weitergewachsen sind und sich den jeweiligen Stilformen angepaßt haben.

Stilreine Kirchen hat allenfalls die moderne Denkmalpflege rekonstruiert, das um 1000 entstandene Klosterkirchlein in Sulzburg im Breisgau oder die 100 Jahre späteren Abteikirchen von Alpirsbach im Schwarzwald oder Allerheiligen in Schaffhausen sind solche Beispiele. Daß auch sie nur ein architektonisches Skelett, nicht aber die Lebenswelt des 11. Jahrhunderts widerspiegeln, darf nicht unausgesprochen bleiben. Was wir im Bild zu zeigen vermögen, ist ein Hinweis auf einen noch sichtbaren Rest von Geschichte. Mehr läßt sich – im Hinblick auf die Salierzeit – nicht abbilden.

Nach dieser Vorbemerkung zum Bildprogramm sind die Bilder 1–19 dem Text zugeordnet, in dem auf die jeweiligen Bildnummern verwiesen wird. Die Bilder 20–66 folgen dem »Reisekapitel«.

1 König Heinrich III. und sein Gefolge beim Einzug in die Kirche, begleitet von zwei Äbten.
Perikopenbuch Heinrichs III. aus Echternach 1039–1043 (Univ.bibl. Bremen Ms. b. 21 Bl. 3ᵛ)

2 König Heinrich III., umgeben von Geistlichen, nimmt von Abt Humbert von Echternach das Evangeliar entgegen. Perikopenbuch Heinrichs III. (UB Bremen, Ms. b. 21 Bl. 125ᵛ)

PAX ERIT IN MUNDO DUM GISLA VIXERIT ISTO ·
QUAE GENUIT REGEM POPULOS PIETATE REGENTE

3 Die Kaiserin Gisela beim Einzug in die Echternacher Kirche. Perikopenbuch Heinrichs III.
(UB Bremen Ms. b. 21 Bl. 3ʳ)

4 Kaiser Konrad II. und die Kaiserin Gisela vor der Maiestas Domini. Aus dem Goldenen
Evangelienbuch des Speyerer Doms, Echternach 1045/46 (Escorial, Cod. Vitrinas 17 Bl. 2ᵛ)

5 König Heinrich III. und seine Gemahlin Agnes überreichen der Gottesmutter Maria, der
Patronin des Speyerer Doms (Hintergrund), das von ihm gestiftete Evangeliar.
Aus dem Goldenen Evangelienbuch des Speyerer Doms (Escorial, Cod. Vitrinas 17 Bl. 3ʳ)

6 *Heinricus Cesar sublimat moenia Goslar.* Heinrich III. vor den Heiligen Simon und Juda,
den Patronen des Goslarer Doms. Evangeliar aus Goslar,
Echternach um 1051 (Uppsala, Univ.bibl. Cod. C 93 Bl. 4ʳ)

7 *Per me regnantes vivant.* Christus segnet Heinrich III. und Agnes.
Evangeliar aus Goslar (Uppsala, Univ.bibl. Cod. C 93 Bl. 3ᵛ)

8 Kaiser Heinrich IV. zwischen seinen Söhnen Konrad und Heinrich V.; unten drei Äbte
des Klosters St. Emmeram in Regensburg. In St. Emmeram um 1100 entstandenes Evangeliar für Heinrich IV.
(Krakau, Bibl. des Domkapitels 208 Bl. 2ᵛ)

9 Goslar. Kaiserthron aus salischer Zeit,
jetzt in St. Simon und Juda

10 Thron des Kärntener Herzogs,
aus antiken Stücken zusammengestellt,
bei Maria Saal in Kärnten

11 Worms, Stiftskirche St. Paul. Auf den Fundamenten der salischen Pfalz in Worms
Anfang des 11. Jahrhunderts erbaut, aus dieser Zeit lediglich Grundriß und Teile der Westtürme

12 Limburg von Süden. Ruine der 1025–1030 erbauten Klosterkirche,
Grabkirche der Königin Gunhild

13 Unterregenbach. Krypta einer Kirche
des 11. Jahrhunderts

14 Alpirsbach. Klosterkirche der um 1095 ▷
gegründeten Benediktinerabtei,
Blick durch das Langhaus nach Westen

15 Allerheiligen in Schaffhausen. Klosterkirche der von Hirsau aus reformierten Abtei, um 1080

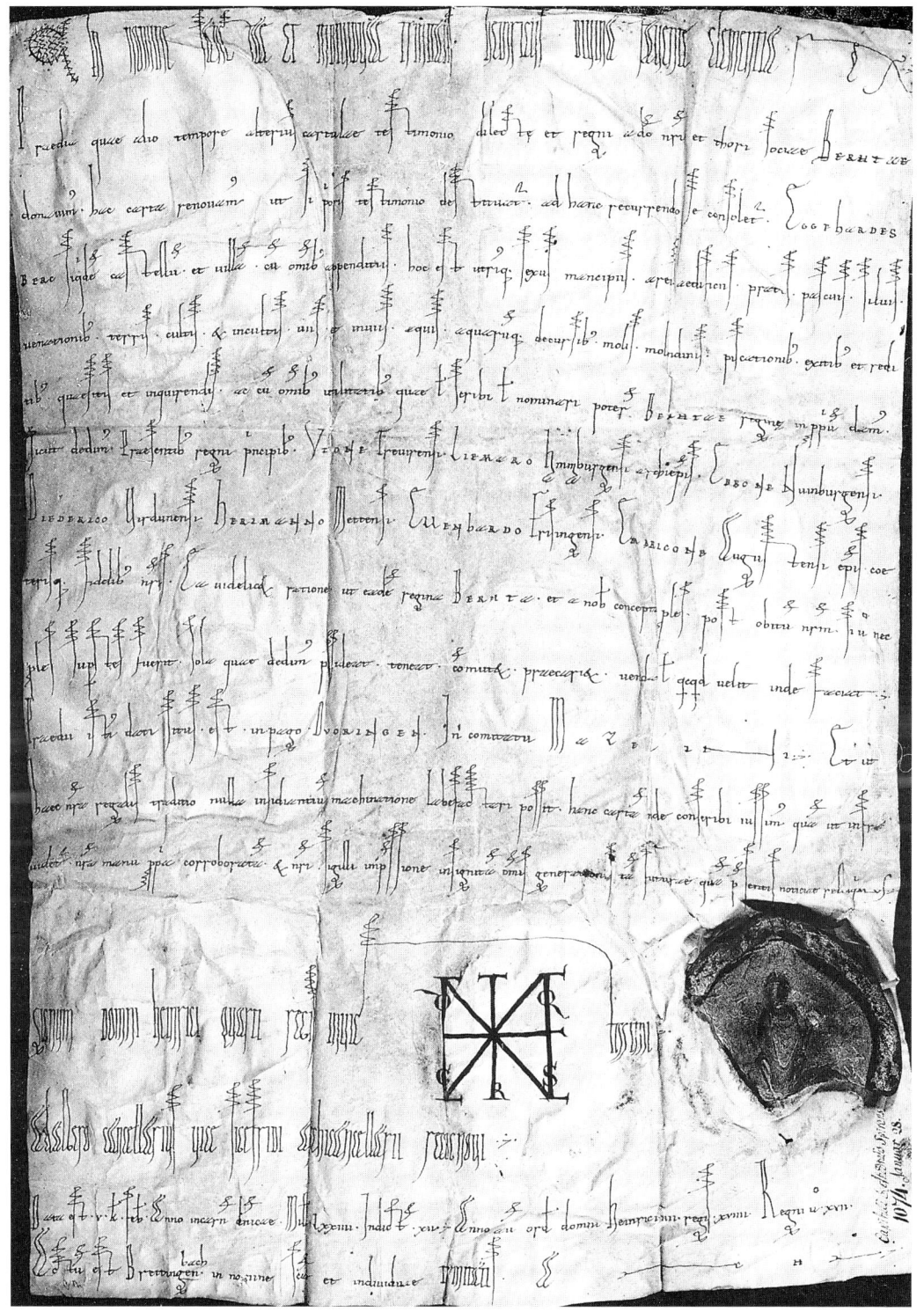

16 Urkunde Heinrichs IV. für die Königin Bertha von 1074 Januar 28:
Schenkung von Burg und Hof Eckartsberga (GLA Karlsruhe, A 103)

17 König Heinrich IV. vor der Markgräfin Mathilde von Tuszien, neben ihm Abt Hugo von Cluny. Aus der um 1114/15 entstandenen Handschrift der Vita Mathildis von Donizo (Rom, Bibl. Vaticana lat. 4922 Bl. 49ʳ)

18 Zwei Siegel Heinrichs III. als König und Kaiser an Urkunden von 1046 und 1051
(GLA Karlsruhe A 84 und A 90)

19 Zwei Siegel Heinrichs IV. als König und Kaiser an Urkunden der Jahre 1062 und 1086
(GLA Karlsruhe, A 97 und A 109)

20 Utrecht, Stiftskirche St. Peter. Die 1043 unter Bischof Bernulf geweihte Kirche ist das bedeutendste Bauwerk des 11. Jahrhunderts in den Niederlanden, eine dreischiffige Basilika mit Würfelkapitellen. Zum selben Bau gehörig die dreischiffige Hallenkrypta

21 Nijmegen. Nikolauskapelle beim Valkhof der Kaiserpfalz zu Nijmegen. Achteckiger Zentralbau mit 16eckigem Umgang, 1047 der karolingische Bau abgebrannt, seit 1155 unter Friedrich Barbarossa wieder aufgebaut und erweitert

22 Nivelles, Klosterkirche St. Gertrud. 1046 eingeweiht; nach der Zerstörung
im Zweiten Weltkrieg wieder aufgebaut

23 Kanzel Heinrichs III. im Aachener Dom

24 Köln, St. Maria im Kapitol. Vierung und Nordkonche. Als Damenstiftskirche an Stelle einer
merowingischen Klosteranlage erbaut, Langhaus 1049 geweiht, Chor 1065

25 Essen. Westwerk der Münsterkirche in Essen,
unter Äbtissin Theophanu 1039–1058 errichtet.
Dreiseitiger Chorabschluß in Anlehnung an das
Oktogon der Aachener Pfalzkapelle

26 Paderborn. Inneres der Bartholomäuskapelle
neben der Nordseite des Doms.
Im Auftrag von Bischof Meinwerk um 1017
per operarios Graecos errichtet

27 Hildesheim, St. Michael. Blick durch das Mittelschiff nach Osten.
Vollendet 1033, nach Umbauten des 12. Jahrhunderts Wiederherstellung 1960

28 Gandersheim. Westwerk der ottonischen Klosterkirche, in späterer Zeit mehrfach verändert

29 Goslar. Salische Kaiserpfalz.
Rekonstruktion des 19. Jahrhunderts auf
der Grundlage erhaltener Bauteile
des 11. Jahrhunderts, links Ulrichskapelle

30 Gernrode. Stiftskirche St. Cyriak, Westwerk. ▷
Stiftung des Markgrafen Gero 961

31 Merseburg. Die Domburg von Süden. Vom Ursprungsbau (Weihe 1021) stammen die quadratischen Unterbauten der Westtürme

32 Meissen. Der Burgberg über der Elbe von Südosten

35 Fritzlar, Benediktinerabtei St. Peter,
seit Beginn des 11. Jahrhunderts Chorherrenstift.
Kirche 1079 zerstört, spätromanische
Umbauten 1180–1200, Paradies um 1240.
Vom salischen Bau stammen die
Untergeschosse des Westbaus und die
Außenmauern des Querschiffs

36 Kreuzgang des Andreasstiftes in Worms, ▷
westlicher Flügel, Anfang des 11. Jahrhunderts

37 Die Grabplatten (Bleiplatten) aus den Gräbern Kaiser Konrads II. und der Kaiserin Gisela im Speyerer Dom (heute Histor. Museum der Pfalz in Speyer, mit Genehmigung des Kustos des Speyerer Doms)

38 Bei Winterbach im Remstal unweit von Lorch liegt der Hohenstaufen (hier mit
dem Rechberg im Vordergrund). Dort entstanden, eine Generation nach 1046, auf
salischem Erbe die Stammburg der Staufer und ihre Grablege in Lorch

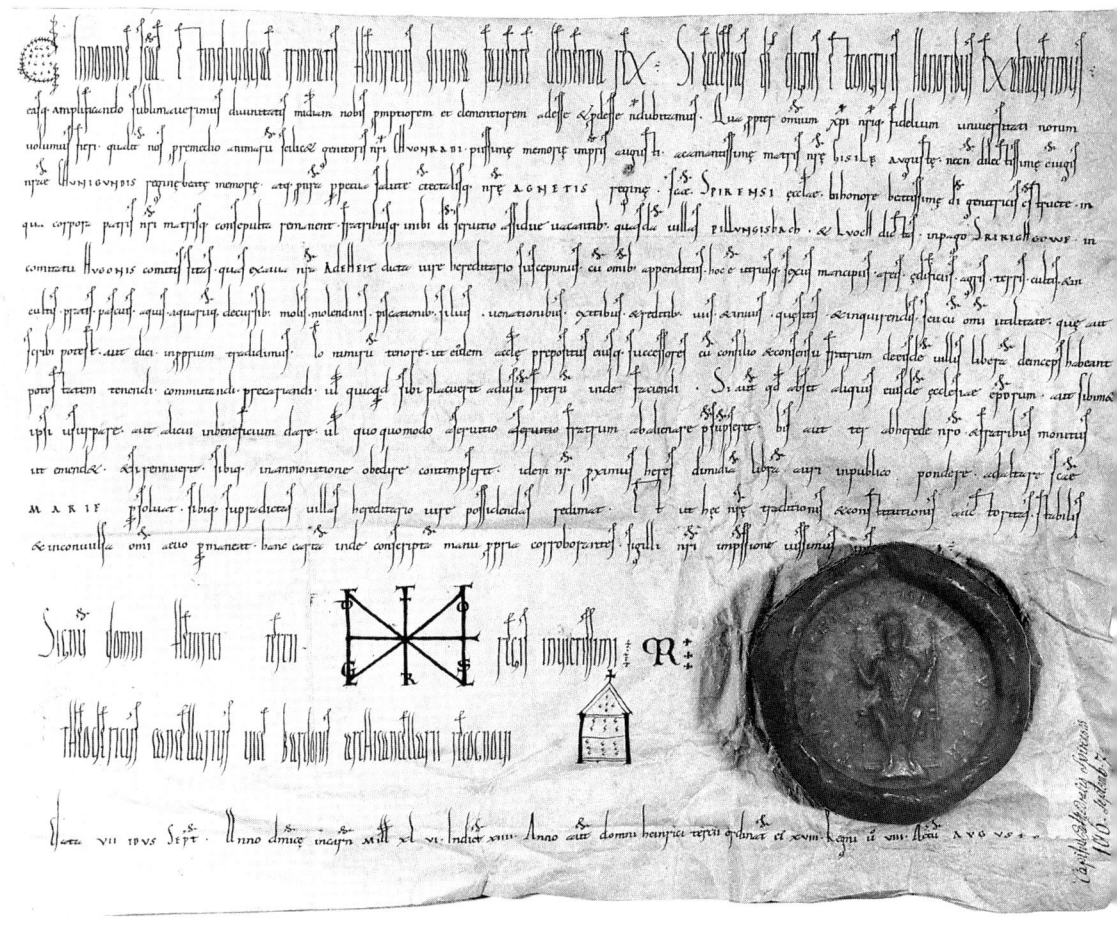

39 In Augsburg stellt Heinrich III. am 7. September 1046 die drei Urkunden
für das Speyerer Domkapitel aus, in denen er ihm unter anderem den Hof Nürtingen
sowie Güter in Speyergau schenkt (Generallandesarchiv Karlsruhe, A 86)

40 Die über den Brenner führende Alpenstraße zieht im Eisacktal über den Höhenzug des Ritten und steigt erst vor Bozen ins Etschtal hinab.
Die alte »Rittenstraße«, hier zwischen St. Verena und Lengmoos, ist heute nur noch an wenigen Stellen erkennbar

41 Bronzetür an S. Zeno von Verona.
Älterer Teil (linker Flügel):
Kreuzabnahme, 11. Jahrhundert.
Jüngerer Teil (Mittelband und rechter Flügel):
Figur des Bildhauers, Ende 12. Jahrhundert

42 Pavia, S. Michele. Westfassade aus dem 11. Jahrhundert

43 Piacenza, S. Savino. Fußbodenmosaik im Chor, 11. Jahrhundert: Schachspieler

44 Canossa. Die hochgelegene Burg südlich von Reggio, nach der die Markgrafen von Tuszien auch »Markgrafen von Canossa« genannt wurden, liegt abseits der großen Heerstraßen auf den Höhen des Apennin; 1077 wurde sie zum Schauplatz eines welthistorischen Ereignisses

45 Über verschiedene Pässe führen die den Apennin überquerenden
Straßen in die Toskana. Der M. Cerreto (1260 m) liegt zwischen Reggio
und Fivizzano; die Straße führt durch die Garfagnana nach Lucca weiter

46   Lucca. Die Bischofsstadt mit dem Dom St. Martin ist der Hauptort der Toskana. Die Luftaufnahme zeigt das alte römische Amphitheater, das im Mittelalter umbaut wurde, sich jedoch im Stadtbild deutlich abzeichnet. Unmittelbar dabei die Stiftskirche S. Frediano, heute in Formen des 11.–13. Jahrhunderts

47 Die Siedlung Borgo San Genesio liegt unterhalb der Burg von San Miniato al Tedesco, im 12. Jahrhundert Sitz der Reichsverwaltung in der Toskana

48 Südlich von Siena liegt, heute in landschaftlicher Abgeschiedenheit, die bedeutende Reichsabtei S. Antimo aus karolingischer Zeit. Die heutige Abteikirche ist eine Basilika des beginnenden 12. Jahrhunderts mit vielen älteren Bauelementen

49 Zwischen Sutri und Civita Castellana, in der Nähe der auf Rom zuführenden alten Straßen der Via Cassia und der Via Flaminia, liegt Castel S. Elia mit seinem bedeutenden Benediktinerkloster, einer Basilika des 11. Jahrhunderts, in dem sich ein Freskenzyklus der gleichen Zeit erhalten hat

50 Ponte dell'Abbadia, eine römische Brücke unweit des antiken Vulci, mit einem spätmittelalterlichen Kastell an der Stelle einer älteren Zisterzienserabtei. Die Via Aurelia, der Küste entlangführend, in deren Nähe diese Brücke das tief eingeschnittene Tal der Fiora überspannt, ist eine der von Norden auf Rom zuführenden römischen Konsularstraßen, die im Mittelalter ihre Bedeutung erhalten haben.

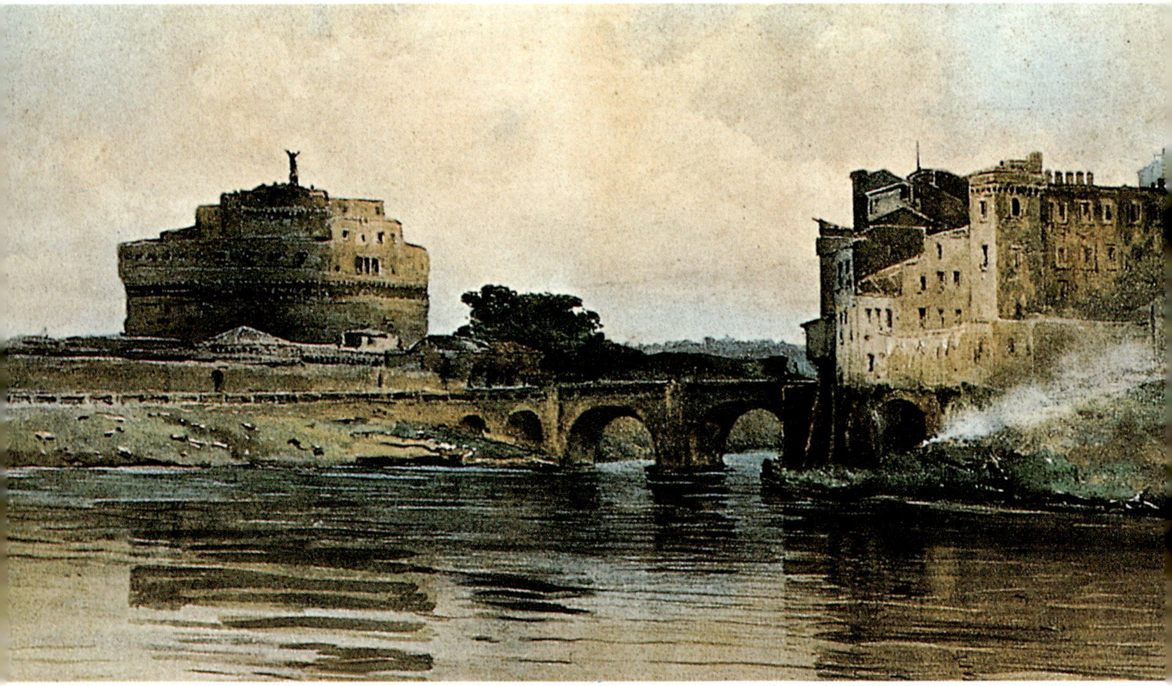

ROMA · CAPVT · MVNDI · REGIT · ORBIS · FRENA · ROTVNDI
AVREA
ROMA

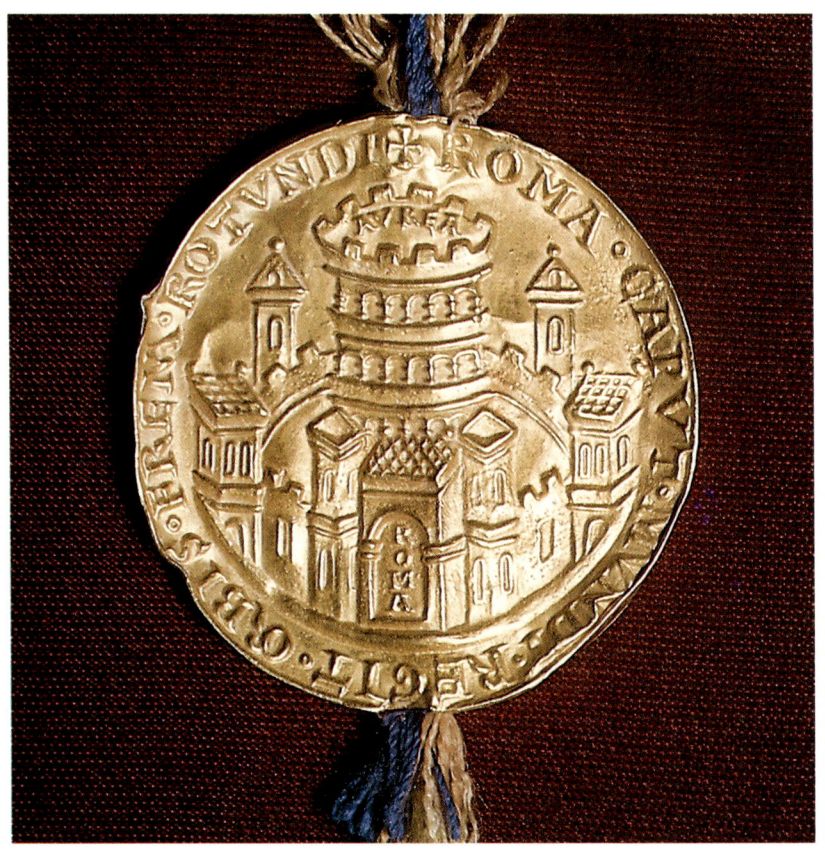

51 Rom. Tiber mit Tiberbrücke und Engelsburg auf einem Aquarell von E. Roesler Franz,
um 1870

52 Roma aurea: Das »goldene Rom«.
Rückseite der Goldbulle Friedrich Barbarossas,
der »Roma caput mundi« (GLA Karlsruhe, A 138)

53 Monte Cassino. Die 500 m über dem Meer
gelegene Mutterkirche des Benediktinerordens
läßt heute nur noch durch ihre exponierte Lage
ihre 1400jährige Tradition erkennen. Die Gebäude
der Barockzeit wurden nach der Zerstörung im
Zweiten Weltkrieg wieder aufgebaut

54 Das bei Capua gelegene Kloster S. Angelo in Formis wurde als Priorat von Montecassino unter Abt Desiderius († 1087 als Papst Viktor III.) mit einem Freskenzyklus versehen, der gut erhalten ist und zu den besten Werken byzantinischer Freskenmalerei in Italien gehört

55 Ein Teil der römischen Straße am Averner See zwischen dem antiken Cumae und Pozzuoli mit dem
»Arco felice«, einem römischen Bogen aus domitianischer Zeit

56 Monte Gargano. Ob Heinrich selbst das Michaelsheiligtum am Monte Gargano besucht hat, ist unsicher; die Kaiserin Agnes und ihre Mutter haben sich dort 1047 aufgehalten. Die Bronzetür in byzantinischer Niellotechnik, in Byzanz 1076 gefertigt, stellt die Taten des Erzengels Michael auf vier Bildfeldern dar

57 Das Kloster Casauria, das Heinrich am 13. März 1047 privilegierte, lag vom Reiseweg etwas abseits (nördlich von Pescara). Ostapsis über der Krypta

58　Ad sanctum Marotum. Die dort ausgestellte Urkunde vom 21. März 1047, ein Placitum, soll dem Wortlaut nach die eigenhändige Unterschrift Kaiser Heinrichs III. enthalten, doch scheint die Unterschriftszeile nicht von ihm, sondern von seinem Kanzler Heinrich zu stammen: Vgl. S. 103. (Kapitelsarchiv von Ascoli Piceno)

59 Unmittelbar südlich von Ancona liegt die Abtei S. Maria di Portonovo, eine um 1034 gegründete, um 1050 vollendete Benediktinerabtei, deren Ursprungsbau noch weitgehend erhalten ist

60   Aus römischer Zeit stammende Brücke über die Marecchia bei Rimini

61 Pomposa. Die im 9. Jahrhundert gegründete Benediktinerabtei nördlich von Ravenna wurde im 11. Jahrhundert um die Vorhalle erweitert; auch der Campanile fällt in die zweite Hälfte des 11. Jahrhunderts (1063)

62 San Lorenzo in Mantua, eine angeblich 1082 im Auftrag von Mathilde von Canossa erbaute Rundkirche

63 Bei Volargne, unmittelbar beim Austritt der Etsch aus der Enge der Veroneser Klause, liegt am westlichen Flußufer das Kirchlein mit Turm des 12. Jahrhunderts

64   Die Veroneser Klause, eine Engstelle des Etschtales nördlich von Verona, mußte auf dem Weg nach Norden passiert werden und konnte von den Veronesen gesperrt werden, die damit eine der Schlüsselpositionen für einen Italienzug in Händen hatten

65 Die Krypta des Augsburger Doms, aus der Zeit Bischof Embrikos (um 1065), kennzeichnet die letzte Station auf dem Italienzug 1047 Heinrich III.

66   Speyer. Blick von Osten auf den über dem Rhein aufragenden Dom
mit Chor und Türmen neben dem Querhaus

Register der Orts- und Personennamen

Nicht aufgenommen wurden Bezeichnungen wie »Salier, Staufer«, Stammes- und Landschaftsnamen (Schwaben, Franken), Flüsse und mod. Ländernamen.

Abkürzungen: Äbt. = Äbtissin, B. = Bischof, Eb. = Erzbischof, Gem. = Gemahlin, Gf. = Graf, Hz. = Herzog, Kg. = König, Kr. = Kreis (Landkreis), Ks. = Kaiser, Pfgf. = Pfalzgraf, Prov. = (ital.) Provinz.

193

Bildnachweis

Die Ziffern beziehen sich auf die Abbildungsnummern

Berichtigung der Unterschrift zu Bild 50: Ponte dell'Abbadia, eine römische Brücke unweit des antiken Vulci, mit einem spätmittelalterlichen Kastell an der Stelle einer älteren Zisterzienserabtei. Die Via Aurelia, der Küste entlangführend, in deren Nähe diese Brücke das tief eingeschnittene Tal der Fiora überspannt, ist eine der von Norden auf Rom zuführenden römischen Konsularstraßen, die im Mittelalter ihre Bedeutung erhalten haben.

Stefan Weinfurter

Herrschaft und Reich der Salier

Grundlinien einer Umbruchzeit

206 Seiten mit 27 Abbildungen, darunter 11 in Farbe. 17 × 24 cm. Pappband

Die Zeit der Salier-Herrschaft (11. und angehendes 12. Jahrhundert) erweist sich als eine Epoche geradezu umstürzender Veränderungen in Reichsverfassung und Gesellschaft, in der die Weichen gestellt wurden für Jahrhunderte deutscher Geschichte. Eine grundlegende Neuordnung der bis dahin geltenden Gesellschaftsordnung hatte einen Wandel der Autoritäten zur Folge, veränderte die Rolle des Herrschers und führte das Königtum in eine Krise größten Ausmaßes. Das »Reich« dagegen formierte sich zu einer eigenständigen Größe, indem es als Interessengemeinschaft der Fürsten dem König gegenübertrat. Mit seiner Darstellung des Reiches und der Herrschaft der Salier bietet der Autor einen Überblick über die jeweiligen Herrschaftskonzeptionen der salischen Kaiser. Er untersucht die Voraussetzungen und die Verwirklichung dieser Grundvorstellungen und beschreibt Spannungsgefüge und die Dynamik der Auseinandersetzungen zwischen Kaisern, Fürsten, Bischöfen und Päpsten, die die Epoche prägten.

Jan Thorbecke Verlag · Sigmaringen

Hansmartin Schwarzmaier

Die Heimat der Staufer

*Bilder und Dokumente aus einhundert Jahren staufischer Geschichte
in Südwestdeutschland*

2. Auflage. 148 Seiten mit 79 Abbildungen, darunter 11 in Farbe. 17 × 24 cm. Leinen

Hansmartin Schwarzmaier

Staufisches Land und staufische Welt im Übergang

*Bilder und Dokumente aus Schwaben, Franken und dem Alpenland
am Ende der staufischen Herrschaft*

152 Seiten mit 80 Abbildungen, darunter 17 in Farbe. 17 × 24 cm. Leinen

»Das Buch ›Die Heimat der Staufer‹ gehörte im Jahr der großen Stauferausstellung zu den erfolgreichsten Publikationen seiner Art. Es behandelt jedoch nur das erste Jahrhundert staufischer Geschichte (1088–1180), bricht also zu dem Zeitpunkt ab, an dem Friedrich Barbarossa den Gipfel der Macht erreicht hatte. Nun liegt die von vielen gewünschte Fortsetzung vor, ein Werk, das in Anlage und Darstellungsweise dem früheren gleicht, dessen Stoff aber schwerer zu bewältigen war: Galt es doch, aus der Sicht der staufischen ›Heimat‹, des Herzogtums Schwaben, das räumliche und herrscherliche Ausgreifen der Staufer in neue Dimensionen hinein zu verfolgen und den Charakter dieser erregenden Zeit des Übergangs deutlich zu machen. In jedem der 12 Kapitel wird ein umsichtig ausgewählter Quellentext in Übersetzung wiedergegeben und durch Kommentierung in größere Zusammenhänge gestellt ... Das Buch besticht durch Lebendigkeit, Verständlichkeit und durch die didaktisch geschickte Darbietung komplizierter Zusammenhänge. Ein umfangreicher Bildteil über stauferzeitliche Architektur erhöht die Anschaulichkeit des Textes.« *Das Historisch-Politische Buch*

Jan Thorbecke Verlag · Sigmaringen